セルフ前世療法
＜改訂版＞

根本恵理子　著

クラブハウス

はじめに

あなたには忘れている大切なことがあります

前世を見るときは、足元から見ていくことが多いです。

「何を履《は》いていますか？」とお聞きして「裸足です」と答えが返ってくると、

（貧しい人物かな？　それとも相当古い時代かな？）と予想しながら聞いていきます。

「ほとんど何も身につけていません。腰を布が覆《おお》っている程度です」

「上半身裸です。筋肉がついていてがっしりしています」

「髪はぼうぼうで伸び放題です」

と、まあここまで来たら原始人ですね（笑）。

「手に何を持っていますか？」に対して
「槍《やり》を持っています」とか「石の斧《おの》を持っています」だと、もう決定です。

「何をしていますか？」と聞くと、「狩りをしています」ということが多いです。

女性ですと、木の実を拾ったり、果物を集めたりしているシーンもありました。

「顔は黒く、汚いです。お風呂に入っていない感じです」

そりゃあ、お風呂はないでしょうね。

面白かったのは、「臭いです」と顔をしかめながらお答えになった人。そうか、原始人って臭いんだ（笑）。そうだよね。


クライアントさんの大半は女性なのですが、原始人過去生が出てくると「願望や妄想じゃないな」と思えて嬉しくなります。

ほぼ裸で、髪がぼうぼうで、臭くて、槍を持って狩りをしている前世があったらいいな♪と思っている女性はほとんどいないと思います。原始人が見えてきた方のほとんどは**「予想もしなかった」**と面食らうようです。


原始人の過去生での「学び」は、「家族」にあることが多いです。家族を愛していた。家族を守りたかった。そんな体験や感情がよく出てきます。

今回の人生の家族が、その時も家族だったこともあり「こんなに昔から家族だったんですね」と感じた時の感動は深いようです。

はじめまして。私の仕事は、前世療法をするセラピストです。

「記憶の蓋《ふた》を開ける」お仕事です。

蓋を開けると忘れていた記憶が蘇って来ます。

そこで分かってきたのは、私たちは自分自身のことを**ほとんど忘れて生きている**ということです。

覚えているのはほんの一部で、それが自分自身だと錯覚しています。もうびっくりするくらい忘れています。


人生で本当に大事な「忘れている記憶」部分は、よく氷山の図でたとえられますが、顕在意識よりもはるかに大きくて、潜在意識として、自分を動かしています。


だから、こういうことはないですか？

なぜか、こうなりたくない、ということになってしまう。似たような出来事を繰り返してしまう。

似たような人が繰り返し現れる。

それは気づいていない自分自身がそれを選んでいるからなのです。

さらに、こんなこともないですか？　なぜか大好きなことがある。なぜか惹《ひ》かれる人がいる。なぜか懐かしい場所がある。

それは気づいていない自分の「本質」がそれを選んでいるからなのです。

私たちは忘れているけれど、記憶が消えることはありません。若い頃、学生の頃、子供時代の頃、赤ちゃんの頃、そしてお腹の中。**「再生」されないだけで、「記録」されています。**

そして前世。

驚いたことに、記憶を取り出すことは可能なのです。覚えていないから「前世はない」ということではないのです。(前世存在の賛否、先端研究については、本文で触れています)

個人セッション時点で74歳の方がいらしたことがあります。

「自分の人生がどうだったかを振り返って意味を感じたい」というご希望でした。

出てきたのは、５歳の彼女でした。70年の歳月を超えて幼児の自分に戻り、涙を流しました。

「こんなことがあったなんて、思い出すこともなかった」

「もう終わったことだと思っていた」

「覚えてはいたけれど、こんな意味があったとは気づかなかった」

記憶を取り出した方々は、口々にそんな感想をおっしゃいます。何十年も触れたこともなかった記憶が、大人になったその人を動かし続けているケースに、たくさん出会ってきました。

記憶は生きています。

何歳になっても、何十年経っても、生まれ変わっても、消えることも薄れることもない。それが記憶の性質だということに、セッションをやればやるほど気付きます。私たちの人生は、**「記憶」に動かされているのです。**

記憶を取り出した時、はじめて「もう終わりにしていいんだ」「泣いても(怒っても)よかったんだ」と受け止めることができます。

その時に「解放」が起こります。それは大きな大きな感情体験です。

多くの方は「スッキリしました」「楽になりました」「軽くなりました」という感想をおっしゃいます。忘れていた大切なことを取り出して受け入れるということは、そういうことなのです。

むしろ、忘れたつもり、覚えていないことの方がやっかいです。見えないから、触れられない、変えられない。

ほんとうは大切にしなければいけない自分自身や周りの人を、大切にしないことは、とてももったいないことです。見えていないから、せっかく宝物を持って生まれて来たのに、埋もれている、ドブに捨てているということもあります。「無理」「できない」「こわい」という思い込みをどこかで作って、自分に制限をかけている人がとても多くいます。

一般的に言って、現世の過去より、前世の方を忘れています（笑）。忘れていればいるほど、コントロールできずやっかいだ、という法則があるとすれば、忘れている前世の方が面倒ですよね。

トラウマという言葉がありますが、記憶の恐ろしさとパワフルさを知ってほしいのです。記憶を取り出してはじめて**自分自身の人生を書き換える**ことができます。今の自分がはじめて大きく動き出します。**「前世療法は人生を変え、自分の内なる輝きを最大化する最強のツール」**になります。


自分にとって身近な人の本当の大切さを感じることができる。

自分の能力や適性をもっと知ることができる。

心から大切に思えるものをまっすぐに感じることができる。

辛かった過去に意味があったと納得できる。

今苦しい現状はどんな原因があったのか理解できる（そして、それはうわべだけでない本質的な解決につながる）。


そういったことを深く深く、胸揺さぶられる感覚で思い出すお手伝いが「前世療法」なのです。

本書は、読者の皆さんが「自分自身で前世を見る」目的のために書かれた、「セルフ前世療法」の手順ガイダンス書籍です。

詳細は本文に出てきますが、ネットからダウンロードした「誘導音声」を使うための具体的な方法を解説しています。

（1）体をリラックスさせる準備段階（5分11秒）
（2）イメージを追っていく練習段階（5分47秒）
（3）前世を見る本番（29分20秒）

「見えない世界」との付き合い方は、慎重にしなければならない部分が大きいので、ぜひ後半の「実践編」をしっかりお読みになって、チャレンジしてみてください。

根本恵理子

※本書は2019年に初版が刊行された「セルフ前世療法」の改訂版です。「改訂版ごあいさつ」は巻末に収録されています。

セルフ前世療法　＜改訂版＞

もくじ

もくじ

第１章
前世療法とは何か

❖前世は「自分で」見ることができる

一章では、「前世療法とは何か」についてお話します。

「前世療法という仕事をしています」と自己紹介すると、よく

「えっ、前世が見えるんですか？」「私の前世、見てください」と言われます。が、私は人の前世は見えません。

世には、前世を見てくれる人もいます。人に見てもらうのは「前世リーディング」と言います。お仕事にはしていなくても、自然に見える方もいるようです。街を歩いていると人の後ろに前世の人物が見えるという人もいます。相手が自分に心を開いていると見えてくる、という人もいます。血縁や友達ならば見える、という人もいます。私も、この世界に足を突っ込んで初めて知りましたが、世の中にはそういう方がたくさんいるのです。

でも私のやっている「前世療法」は、**クライアントさんご自身が前世を見る、**ということです。「自分で」見えるんですよ！

自分自身が初めて前世療法を受けた時は、自分自身で見るということがまったく想定外で「え？

私が見るの？　できるの？」と、とても動揺しました。

いわゆる霊感というものは皆無。見える聞こえるゼロ。メッセージが降りてきたとか、直感で何かわかったということもありません。

ところが不安いっぱいで受けてみた私も、なんと前世が見えました。

これだけ「何もない」私ができた、ということが、その後のこの仕事に結びつきました。

前世療法では、普段使っていない直感で、初めて前世を体験することになります。プロに見てもらう前世リーディングと前世療法では意味がまったく違ってきます。そこにあるのは**体感や実感**といったものです。

よく見える人に詳しく教えてもらった前世より、自分自身で見た曖昧でおぼろげな前世の方が、はるかに強いインパクトと納得感があります。

私が前世療法を気に入っているのは、「自分で」見るという部分です。

この「自分自身で知る」ということがとても大切で、意味があると思うようになりました。それは「自主性」ということです。

人に教えてもらうのではなくて、自分自身で知る。
人に聞いたことではなくて、自分で体験する。

そのような姿勢、(スタンス)、生き方が、大事なんじゃないかとだんだん思うようになりました。

スピリチュアルが陥りがちな問題の一つが「依存」です。誰かに聞く。誰かに頼る。自分で決められなくなる。自分の人生に自分が責任を持たなくなる。その真逆で「自分自身に問いかけて、自分自身で知る」のが前世療法です。私はそれを**「スピリチュアルの自給自足」**と呼んでいます(笑)。

❖前世療法って何をやるの？

「前世療法ってそもそも、どんなことをするの？」というご質問にお答えします。

今はYouTubeなどで動画もたくさんありますし、テレビ番組で見たことのある方もあるでしょう。

前世療法のやり方そのものは、とても簡単です。私の用いている方法は、催眠誘導というものです。やることは二つ、**リラックスと質問**だけです。

まず目を閉じます。人間は視覚情報が7割とも言われます。その膨大な情報処理を遮断してあげるだけで、脳波は変わってきます。

次に全身の筋肉を緩めます。深いソファ、リラクゼーションチェア、布団やベッド等、何でもよいのです。

私がサロンで使っているのは、オットマン(足置き)付きのリクライニングチェアです。

リラックスする部分、誘導前の準備が、だいたい5分から15分くらい。私はもう少しみっちりやるので、20分以上かかります。

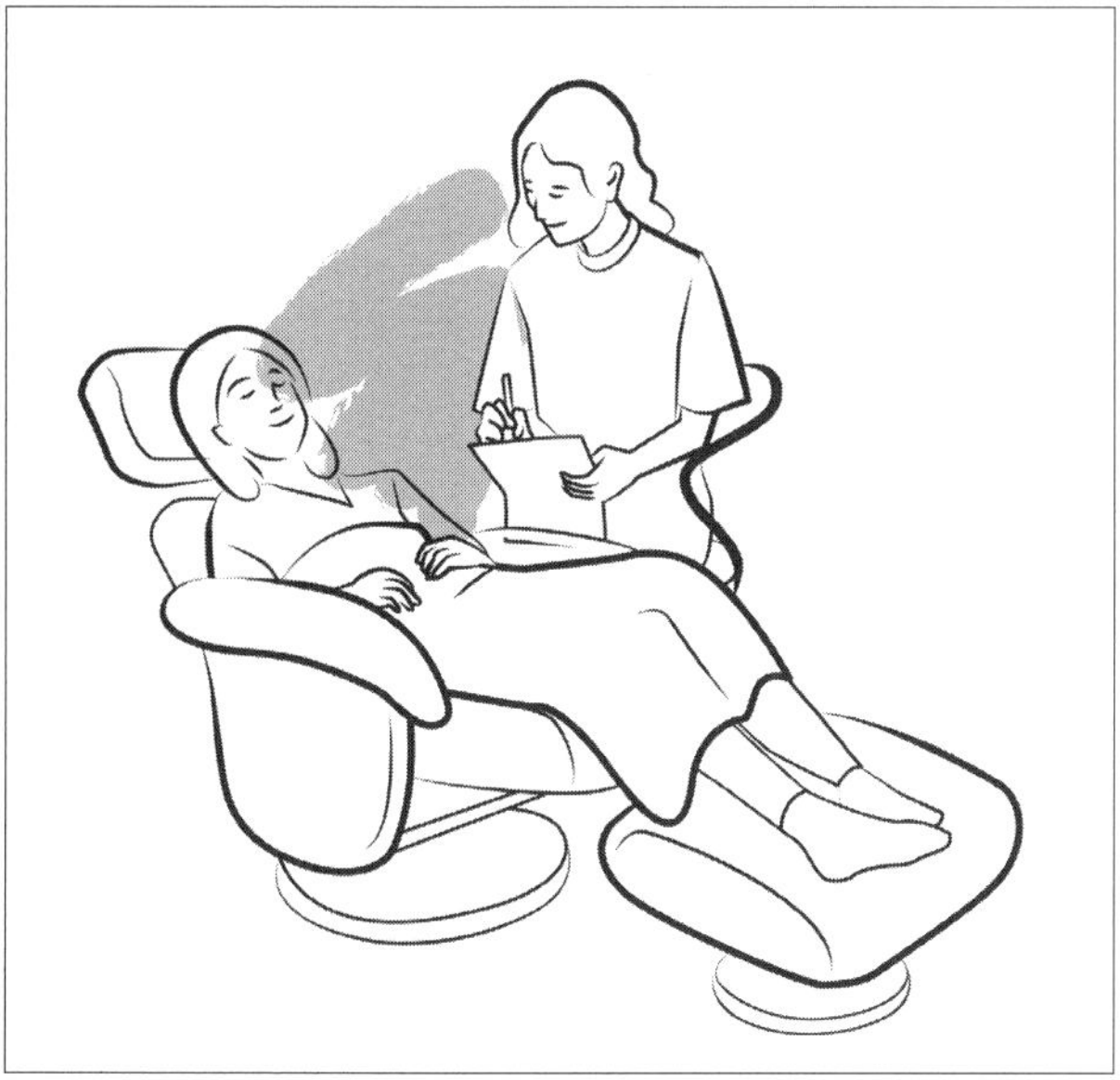

そして、ここからが本番の「質問」です。「何が見えますか？」を重ねていきます。「何か見えるのか？」と受ける前は思っていましたが、見えるんですよ！

そうしてゆっくりゆっくり質問を重ねていくうちに、「スイッチ」が入ります。多くの方はぐっと感情が溢れてきて、涙が流れてきます。ここまで連れてくるのが、誘導です。

一通り見たら、「意味」を探っていきます。前世療法で最も重要な部分です。

人によっては、見た瞬間、ああそういうことね、とわかります。「ああ、前世でひどい目に合わせたから、ひどい目にあわされているのね」「ああ、死に別れてしまったから、今回はずっと一緒にいたいのね」などという感じです。

でも、そのようなケースばかりではないのです。もう少し、ワンクッション入った出方のことも多いので、意味に「気づく」お手伝いをします。「もしかして、こうではないですか？」と聞いたときに、初めてわかる方もたくさんいらっしゃいます。

今の自分に「落とし込む」のは、単に「見る」よりもう少し難しい。前世は「ヒント」のような形で来ることが多いからです。

場面を見る↓人物や出来事を見る↓感情を感じる、というプロセスを何サイクルも繰り返し、最後に今の人生とのつながりや意味を見る、という流れが標準的です。

目を閉じて横たわって質問。これで何で前世がわかるのか？　どうして今の自分に繋がるのか？　謎ですよね（笑）。

前世療法は、**体験しないとわからない**世界です。多くのクライアントさんが、終わった後に感想をお聞きすると、開口一番「不思議な感覚だった」とおっしゃいます。

「事前に想像していたのと違うでしょう？」とお聞きすると「全然違います」とおっしゃいます。家族や友達などに「伝えるのは難しいでしょう？」とお聞きすると皆さん「難しいですね」とおっしゃいます。

私がブログを書いたり、セミナーで語ったり、ここでこうして本を書いたりしているのは、多くの皆さんが「知らない」からです。知らないことを、知ったように「前世って…でしょ？」「前世療法って…でしょ？」と言う人が多すぎます。あるいは自分や身近な人の体験一つか二つだけで、知ったように思う人が多すぎます。似ているけど違う、知らないで言うな～という気持ちでいっぱいです。

13年間で個人セッションは二千例を超え、グループ体験の参加者ものべ二千人を超えました。一つ二つの事例とは圧倒的に違います。**多くの「現場」を知らないとわからないこと**がたくさんあります。経験者でしか伝えられないことを、私は知っている。だから伝えたいのです。

そして、まだ経験していない方に経験していただきたい。だから気軽なグループワークを数多く行い、本書でもっと手軽に試していただく方法論を提供したいのです。そんな思いでこの本を書いています。

❖キーワードは「潜在意識」

前世療法の流れはこんな感じですが、ここで大事なキーワードに触れておきましょう。

前世療法を語る上で外せないのが**「潜在意識」**です。

私たちの意識は、「気がついている」「知っている」「分かっている」「覚えている」部分と「気づいてない」「知らない」「分からない」「忘れている」部分に分かれます。

「氷山」の絵のように、表に表れている部分が「顕在意識」、水面下に当たる部分が「潜在意識」です。

私たちは覚えている部分だけを自分だと勘違いしていますが、本当は覚えていない部分の方がはるかに大きくて、私たちの9割を占めていると言われています。私の実感としては、95％以上ではないかと思っています。私たちの心のほとんどは意識していない部分なのです。

ですから、私は潜在意識のことを**「本音」**とか**「本心」「本人」「本質」**と呼んで潜在意識の方が「本当」の自分だと思っています。

たとえば、こんなことはないでしょうか。

初めて行く場所なのになぜか懐かしい。なぜか落ち着く。逆になぜか嫌な感じがする。

初めて会ったのになぜか初めて会った気がしない。逆に何も嫌なこともされていないのに、なぜか嫌な感じがする。

あるいは、同じようなことを何度も繰り返してしまう。なぜかそうしたくないと思っているのに、そうしてしまう。そうしたいと思っているのに、そうできない。

ある特定の国、場所、時代、文化、出来事などに特別に惹《ひ》かれる。あるいは特に思い当たる理由もないのに好きになれない。

そのような現象は、私たちの内の「覚えていない」部分が動いていて、感情や行動を形作っているせいなのです。

潜在意識の中には、今回の人生の過去の記憶が入っています。でも、肉体を超えた記憶も、実は潜在意識を通じて繋がっているのです。……入っているのですよ！

❖心の蓋を開けるのは簡単！

氷山の一角を顕在意識、氷山の水面下の部分を潜在意識に例えると、水面に当たる部分に「蓋《ふた》」があります。ではクリティカル・ファクターと呼ばれたりします。ではその蓋を開けるにはどうしたらよいのでしょう？

この蓋は普段閉まっていますが、**硬い壁「ではない」**と思ってください。実は、軽くて動きやすい蓋なのです。

例えば、カーテンのような、パーテーションのような、すだれのような、せいぜいそのくらいです。

あるクライアントさん（40代・不動産業）が前世体験後の感想の中で「病院の大部屋の間仕切りのような」と表現していて気に入りました。

前世は、「一緒に入院している同室の人のようなもの」に例えてもいいでしょう。姿は見えないけれど、カーテン越しに気配は感じる。場合によっては、ちらっと見えたり、もしかしたら声が聞こえるかもしれない。時々、自分の前世を「薄々分かっている」方がいるのは、そんな感じなのかもしれません。

前世療法とは、カーテンを「ぴらっ」と開けるようなものなのです。

潜在意識の蓋ができるのはいつ？

生まれてきた時にこの蓋はできていません。子供は潜在意識と顕在意識がつながって生きています。だから子供の時の方が前世を覚えていることが多いのです。

潜在意識の蓋ができるのは、だいたい9歳から10歳くらいのようです。ここで子供の脳から大人の脳に変わるのではないかと思っています。

面白いことに「子供の頃、繰り返し見る夢がありました」などとおっしゃる方に「子供の頃っていつまでですか？」とお聞きすると、「小学校低学年くらいまで見ていました」「高学年の時にはもう見なくなっていました」「小学校3、4年くらいまででした」などという答えが多いのです。9、10歳が分水嶺《ぶんすいれい》、という説とほぼ一致しているようで興味深いですね。

まだ前世療法を始めたばかりの頃、「誰でも前世は見えるのだろうか？」「前世が見えない人はいるのだろうか？」と疑問を持っていました。千回以上の前世誘導を経験した今「前世は誰にでも見える（分かる）」「前世が見えない人は（基本的には）いない」と確信するようになりました。

※「前世が見えない原因と対策」（9章）で書きますが、前世が見えない場合、必ず「原因」があると私は考えています。その**「原因」を取り除けば見ることができる**と思っています。

❖記憶の扉が開く脳波とは…

潜在意識の蓋を開けること、普段は忘れている記憶にアクセスすることは簡単、と書きましたが、具体的にはどのような状態でしょう？

記憶の扉が開く状態とは、「起きている状態と眠っている状態の中間」です。眠りに入る時と、眠りから出る時に、毎日毎日通過しています。すべての人が経験しているまどろみの状態です。

「前世をみる」といっても、特殊な能力を使ったり、長年の修行や厳しい訓練が必要なわけではありません。また頭がおかしくなったり、異常になるわけでもありません。「寝起きで寝ぼけた状態」に近いものです（笑）。

時々、「前世に行って戻って来れなくなるんじゃないか」と怖がる方がいらっしゃるのですが「寝ぼけたらもう目が覚めなくなるんじゃないか」という恐れと同じように私には聞こえて、可笑しいです。

起きて普通に活動している時の脳波をβ（ベータ）波、ぐっすり眠っている時の脳波をδ（デルタ）波といい、波形が違います。脳の活動状態が違うのです。

前世を見る時の脳波は主にα（アルファ）波と呼ばれる領域です。深くリラックスした状態や集中した状態で現れる脳波です。起きている時とも眠っている時とも違う、第三の脳波とも言えます。（もう一つθ（シータ）波もあるのですが、話を簡単にするために、ここでは三つに分けてお話しします。）

「落ち着く」「癒される」「安らいだ」状態です。

しかし、私たちの多くは潜在意識の蓋が開いて忘れていた記憶を思い出したりしません。なぜでしょう？

それは、**この状態は長く保てないからです**。力を抜いて目を閉じると、私たちは眠ってしまいます（笑）。眠らない、でも起きていない。この絶妙なバランスは、「なる」のは簡単、「保つ」のが難しいのです。

そして、自力ではなかなか保てないこの状態を、セラピストと対話することで長く保つことができます。潜在意識の蓋を開けっぱなしにして、中を見て、というテクニックが「催眠」「ヒプノセラピー」なのです。

セルフでのヒプノセラピーは、もう少し難しくなります。本来、セラピストに手伝ってもらって保つ状態を自分で保たなくてはならないからです。「やってみたけれどできなかった」という方がほとんどです。「できますよ」「やりましょう」という専門家もあまりいませんでした。

この本は、私自身がセルフで前世を見るようになった経験から「できますからやってみませんか」とおすすめする趣旨で書いています。記憶とつながる脳波α波を保ちながら寝ない（笑）。特殊なことでも、無理なことでもなく、地道に訓練すればできることだと思っています。

❖ワイス博士の大ベストセラー『前世療法』

前世療法の歴史について簡単にご紹介しましょう。

前世療法の歴史は、200年ほど前に遡《さかのぼ》ります。西洋医学の一端の心理療法の一つとして細々と用いられてきましたが、米国人の精神科医ブライアン・Ｌ・ワイス博士の著書『前世療法』が世に出たことが一つの大きな変化でした。

彼が治療中の患者が前世を思い出す、という症例に出会ってから、ワイス博士は試行錯誤を経て、今ある「ワイス式」などとも呼ばれる催眠療法を確立します。言葉による誘導で、リラックスとイメージ想起を用いる方法です。

彼とその教えを受けた治療家たちが、患者が「前世を思い出す」そのことによって劇的な治療効果が上がる、ということを積み重ねていって、イメージ想起を用いるこの方法は「使える」方法論としてメジャーになりました。


日本では1980年代に、山川紘矢・亜希子夫妻の翻訳の素晴らしさもあって、たちまちベストセラーに。その後、文庫化されて、さらに人気になりました。

前世療法を自分がする側になってから読むと、あの著書にある事例は「そうそう、あるよなあ」とよく実感がわきます。


私が初めて学んだ前世療法は、ワイス博士の直弟子の方、アメリカまで学びに行かれた方なので、私はいわばワイス博士の孫弟子に当たることになります。

私のセッションに来られる方で、すでに前世療法を受けたことがある方の、半数以上がワイス式のようです。日本ではとてもメジャーな手法で、馴染みがあると言えるでしょう。

❖催眠療法（ヒプノセラピー）って何？

催眠療法とは、英語のhypno（催眠）therapy（療法）の直訳です。

日本ではまだ認知度が低いので、私はあまりヒプノセラピーとかヒプノセラピストという言葉を使っていません。名刺には「前世療法やっています」と書いています。「前世」という日本語の方が、「ヒプノ」という言葉よりも馴染みがあるからです。

「何をやっているんですか？」と聞かれて、「ヒプノセラピーです」と答えると、「ヒプ…なんだって？」と聞き返されたりします。「ヒポポタマス？」って、それはカバだろう！（実話）

セミナーの会場を借りるのに公共機関の電話受付で「何のセミナーですか？」と聞かれて、「ヒプノセラピーです」というと大抵「アロマセラピーですか？」と聞き返されます。最近では、面倒くさくなって「ええ、そんなようなものです」と返事しています。

催眠というと、催眠術と混同する人も多いのですが、リラックスした状態を作って、潜在意識の蓋を開けるところまでは共通です。催眠術は人に見せるショーの部分に焦点が当たっており、催眠療法は**クライアント本人の変化や癒し**の目的で行われるもの、という違いがあります。

私の師匠の師匠である、ワイス博士はセラピーは「愛である」と強調されています。「Love（愛）、

compassion（思いやり）、kindness（優しさ）」という標語を使っています。催眠術という言い方が、術者が相手をコントロールすることに主眼を置いているとしたら、催眠療法は相手に「寄り添う」ことを目的としています。クライアントさんが「自分自身をコントロールできる」ようにし、自分自身を取り戻せるようにすること、これが催眠療法です。

よく「睡眠療法」とも間違えられます。27Pでも書きましたが、催眠は、起きている時とも眠っている時とも違う、第三の状態です。一文字違いですが、睡眠とは全く違います。

「眠ってしまいませんか?」ともよく聞かれます。セラピストと対面で行うセラピーの場合は、ずーっとしゃべりながら行いますので、寝てしまうことはありません。でもセルフで一人でやると黙って行うので眠ってしまいがちです。その対処は、9章のトレーニング方法の部分で詳しくお話しします。

催眠療法の応用

イギリスではより痛みが少なく、よりストレスのないお産のために、出産に催眠を取り入れることも行われています。2018年に英王室キャサリン妃が出産に際して催眠療法を使ったことは、日本でもニュースで取り上げられたので、ご存知の方も多いでしょう。

ドイツ在住の知人が同じく催眠を使った出産（ヒプノバーシング）を体験したと知って、興味津々で話をお聞きしたところ、「痛みもなく、つるっと楽に生まれた」と言っていたので、驚きました。人生最大の激痛と思われる陣痛がなくなった、ということは、出産体験者としてはにわかには信じがたいことです。薬物を使いませんから、副作用や子供への心配もありません。

ちなみに、出産の際にセラピストが付いていて誘導するのではないそうです。事前にレクチャーを受けて、自分で練習して、出産の際は自分で誘導するのだそうです。まさに「セルフ」ですね！

英語ができないというブロックを外して英会話ができるようになる、モテる自分を作って婚活に役立てる、現実に様々な応用ができます。

まだまだ普及が低くて、利用されるシーンが少ないですが、本来は、**安全に、簡単に、さまざまな良い効果が持てる、将来有望なテクニック**なのです。

❖催眠療法の三つの柱

催眠療法とは何か、ということをお話ししましたが、よく、「前世療法と催眠療法はどう違うのですか、同じですか？」という質問も受けますので、基本的なことを押さえておきます。

催眠療法には三つの柱があります。

①退行催眠

今回の人生の過去にさかのぼる体験。若い頃、子供の頃、赤ちゃんの頃、出産の記憶、お腹の中の記憶も出てきます。顕在意識で覚えている記憶もありますし、覚えていないものも出てきます。ハイハイしていたり、ベビーベッドに寝ている記憶を持っている人は少ないと思いますが、退行催眠をすると出てきたりします。出産の様子を体験する人もいます。お腹の中、胎内記憶も出てきます。驚いたことに、受精卵、そして卵子や精子の記憶さえあることがあります。

②前世療法

肉体を超えた、時空を超えた、別の人生、人格を思い出す体験です。

③暗示療法

退行催眠と前世療法の二つが、潜在意識の「中から記憶を取り出す」方向だとしたら、潜在意識の「中に思考をインプットする」のがもう一つで、「暗示療法」と言います。自分ではなかなか治せない恐怖症や癖などを変える、営業マンが成績を上げたいとか、スポーツ選手が試合に勝ちたいとか、「なりたい自分を作る」ものです。方向性は反対向きですが、「潜在意識の蓋を開けて」、顕在意識の側から触れる、という点では同じです。

この３つを合わせて「催眠療法」と呼びます。ですので、**前世療法は催眠療法の一部**です。

※これはワイス式の前世療法の話で、方法によっては催眠を用いない前世療法もあります。

催眠療法をやっているヒプノセラピストは、退行催眠、前世療法、暗示療法の全てができるのが基本です。潜在意識の蓋を開け、言葉による誘導とイメージを使う部分は全く同じだからです。

セラピーの現場では、前世に誘導しても子供時代が出てきてしまうケースも少なくありません。前世での間違った思い込みに気づいた後、「じゃあどういう思いで生きるの」という部分を「インプット」するために暗示療法を織り込むこともあります。ですので、結果的には、催眠療法の全ての方法を使うことになります。

ただし、私は前世療法が大好きなので、ＨＰや自己紹介では催眠の三つの柱のうち前世療法の話しかしていません。受けに来たクライアントさんで、「こんなに前世のことばかり考えている人は見たことがなかったので感心して受けに来ました」と言ってくださった方がいらっしゃいます。前世オタクと言ってもいいと思っています（笑）。

❖もっと前世療法を知るには

以上が私なりの「前世療法とは何か」の概略ですが、より本格的に知るには、ブライアン・L・ワイス博士から直接学び、その信頼も厚い日本の第一人者・村井啓一先生の大著『前世療法―その歴史と現代的意義』（静林書店）が刊行されています。

村井先生はまったく初めてで一般の方でも受けられる、ヒプノセラピー・ベーシックの講座を開催されています。主に土日の二日間で、催眠の仕組みや歴史など基本を教え、初歩的な技術も教えています。

また村井先生の門下生で、インストラクターの奥田真紀先生が、同じベーシック講座を毎月定期的に開催されています。奥田先生は、プラスして脳科学の最新知見を紹介したり、丁寧なレジュメを作られたりして、とても充実した内容に作られています。何よりも、多くのセッションを通しての豊富な実体験を例に出した説明は、臨場感があって面白く、受講生の方々に大変好評です。またZoom開催なので、受講しやすいです。ヒプノセラピーの基本を本格的に学びたい方にはおすすめです。（巻末参照）

コラム
1

常識を変えて行く
前世療法と研究者たち

前世療法（英：past life therapy）とは、催眠療法の一種であり、人間は死後人間に生まれ変わるという転生論を前提としています。退行催眠により患者の記憶を本人の出産以前まで誘導（＝過去生退行）し、心的外傷等を取り除くとされているのです。著者が学ぶ精神科医ブライアン・Ｌ・ワイス以外にも、多くの研究者がこの新しい世界のナゾの解明に挑んでいます。

●ジョエル・ホイットン

トロント大学医学部のホイットンは、約30人の被験者を集め、退行催眠を用い彼らの記憶を探った。その結果、全員に複数の前世と思しき記憶が見られ、原始時代まで遡る事が出来たという。

被験者の全員が「魂には男女の性別がない」と語り、多くの被験者が現在とは違う性に生まれた経験があった。そして全員が「人生の目的は進化し学んでいくことであり、何度も生まれ変わりを繰り返すことによってその機会が与えられている」と語ったという。

ホイットンの実験では、被験者が前世記憶を蘇らせると心理的・肉体的に深く癒されたという。また被験者が生と生の「中間領域」も語り始めた。被験者たちによると、この領域は「次の人生」を計画するためにあるという。ホイットンはまた、被験者の前世記憶が、実在した人物のものであったことを強く示唆する状況証拠も発見している。

●キャロル・ボーマン

彼が挙げた例によれば、５歳の白人の子供がかつて黒人の兵士であったという「前世記憶」を持っていた、というケースがあり、そうした記憶は空想とは明らかに質が違うという。この例の場合、子供が語る戦争についての記憶はかなり詳しく、当時の大砲、武器の特徴まで詳細に描写したという。
注意したいのは、これらの記憶をたどることは、あくまで精神的な心的外傷などを治療する事を目的に行われていることである。著書では、前世の記憶が、現在の生で身体的特徴として現れた例も紹介されている。

●モンロー研究所

超心理学者ロバート・モンローが開設したモンロー研究所では音によるヘミシンクによって、その領域の記憶の開発、あるいは体外離脱などの様々な領域を開拓している。『光の剣』の著者、クリスチアン・タルシャラーも在籍していたことがある。

●ヘレン・ウォンバック

サンフランシスコ在住の心理学者。ワークショップで参加者をグループごとに催眠にかけ、特定の時代に退行させた後、性別や衣服・生活スタイルなどについて質問する、という調査を行った。ヘレンの調査の被験者は数千人に及び、多くの者が過去の時代について詳細な描写を行った。またヘレンは被験者は催眠の種類により未来世に進む事も発見した。ヘレンが他界した後に、その調査は心理学者のチェット・スノウが受け継いでいる。

編集部（参考、出典：Wikipedia）

第 2 章
前世が見えると何が分かるか

❖見えて来るのは「今の自分」

「前世を見ると何がいいのですか？」という質問に対して「今の自分自身が見えます」と最初にお答えしています。性別や国、時代や人格が違っても**「同じ一人の自分」**です。よく、前世を見ながら「今の自分にそっくりです！」と言う方がいますが、「そっくりじゃなくて、自分でしょ（笑）」とツッコミを入れると、ハッとしたりします。

Q子さん（20代・営業）は丸顔で可愛らしく、明るい雰囲気。ところが、見えてきたのはドイツの気難しい時計職人。小屋のような家に閉じこもって時計を作り続け、家の中は時計だらけです。「作った時計はどうしていますか？」とお聞きすると、町から買いに来る人がいて細々と売っているらしい。あんまり売れないから、家が時計だらけになっているというわけです。

Q子さんの悩みは、子供の頃から人との間に心の壁を作っていることでした。「ずいぶん努力して変わったんです。でも小学生くらいまでは、友達も少ないし、おとなしい子でした」初対面の私にとっては、現在のQ子さんからは想像もできない姿ですが、時計職人の前世が出てきて、Q子さんは「これは私だ」と感じたようです。「今でも表面的には付き合えますが、心を開けません」とおっしゃる。本人にはわかるのです。

人間は多面的なので、特性は一つではありません。でも、前世療法ででてくるのは、**多様な面のうち「その時一番見るべき自分の側面」**です。

Ｑ子さんも、明るく人付きあいができる面も同時にあるでしょう。必要があればその面も出てきます。でもその時のセッションでは「本質的な自分」が表面化します。そこでは、どんなに容姿が違っていても、全くの異文化でも、「自分だ」と感じるのです。

「人に言われた前世」がどうも腑に落ちない、と言う方もいます。「へー」としか感じられない。ところが、前世療法は違います。**似ても似つかない自分であっても、自分だと感じる**のが面白いところです。

❖人生の使命は分らない？

前世療法を受けにくる方の「動機」「理由」で、「今回生まれてきた意味を知りたい」という方はとても多いです。

８割くらいの方は「私は何で生まれてきたんでしょうか？」という問いをお持ちです。私自身も最初そういう思いで受けに行ったので、その気持ちはよく分かります。

でも、それに関しては、前世療法で答えが出て来ないこともあります。みなさんが求めるような形での「使命」がわからないケースも多々あります。

多いのは「自分の好きなように生きればいいのだよ」「何でもできるんだから何でもやればいいよ」「自分で選んでいいんだよ」「楽しんで生きればいいよ」「それは今の自分の自由だよ」という答えが出てくることです。

実は、私自身が初めて見た前世がそうでした。私の人生の意味は「楽しんで生きる」というメッセージだったので、あまりに想定外で、頭を板切れで殴られたようなショックでした。

一般的に、人生の目的は何かを「する」、成し遂げる、行動や結果だと思っている人が多いです。また、人生の目的は「人」「世間」「社会」など「外」に対して何をするか、だと思っている人が多いようです。

でも**出てくる答えは、どう「ある」か、自分の生き方、あり方、体験や経験**のことがとても多いのです。私の「楽しんで生きる」もそうですし、「愛を感じる」「悲しみを乗り越える」「家族を大事にする」「勇気を出して行動する」など、「状態」「プロセス」であったりします。

あるいは「教えない」という答えもあります。

「自分が行動していく中で、これはというものに出会うから、その時にわかる」「するべき段階をクリアできた時に、初めてチャンスが来る」など。

「あなた次第ですよ」というハードル型の答えもあります。その基準を満たさないと、次の展開もない、というシビアなような、楽しいような「設定」もあるようです。

一方、明確な「答え」の形で受け取る方もいらっしゃいます。

S子さん（30代・主婦）は、これから何の仕事をしていけばいいか？　と悩んでいました。見えてきたのは、薬草のようなものを扱って、病を治したりしているヨーロッパの女性でした。前世の自分から「これ好きでしょ？」と悪戯《いたずら》っぽいメッセージがきました。

S子さんはアロマセラピーを学んで、それを仕事にしようかどうか自信がなく迷っていました。思わず二人で「わっかりやすーい！」と大笑いしてしまいました。

こういう具体的でピンポイントで示唆《しさ》してくれる前世もあることはあります。

前世療法を始めて、はじめてわかったこと。

「人生の目的は、聞いても答え合わせをさせてもらえないこともある。それは自分で探して決めなくてはいけない。むしろ目的はなく、**思うまま感じるまま生きていい**」そんな見えない世界の仕組もあるのかもしれません。

❖家族や恋人、友人などとの縁がわかる

「前世でも会っていた」というのはとてもロマンチックな表現ではないでしょうか。でも今私が感じているのは、**「今会っている大事な人のほとんどは、前世でも会っている」**ということです。

ですから、「カレとは前世でも会っていたかな？（ドキドキ）もし前世でも会っていたらどーしよー、それだけ深い縁？　キャー♡」などと若い女子が盛り上がる必要はないです。だって、絶対会っているから（笑）。

「会っていたのか？　会っていなかったのか？」がポイントではなくて、**「どういう風に会っていたか」**だけです。

結ばれたのか、結ばれなかったのか？　幸せだったのか、幸せでなかったのか？　いやそもそも男女だったとは限りません。そして、いい関係だったとも限らない。場合によっては、苦しめたり傷つけたり敵だったりする可能性もある。「生まれ変わって、また一緒になって…」というロマンばかりではないのです。

でも、大切な相手であることは間違いないです。

結婚していて傷つけたり苦しめあったりして別れた、あるいはそれなのに一緒にいる。「夫／妻とはきっと前世も何かありましたよね？」とお思いの「枯れ果てた」既婚者も多いのですが、その

通りです。**今回の人生で夫婦になっているということは、「初めまして」ということはほとんどない**とみています。毎回なんらかの形で一緒にいる、「おなじみ」だと思っています。

前世ではどのような関係だったのか？　その組み合わせは千差万別、無限にあります。セッションをするたびに、「こんな組み合わせがまだあったのか！」と驚くことも未だに多々あります。

「自分自身で前世を見る」セルフ前世療法を使うようになった私は、片っ端からお会いした方々との縁を探っているのですが、それぞれが「ああ、だからなのね」という感覚があります。

何年も前からお付き合いが始まり、インナージャーニー講座を受けてくださって、今はヒプノセラピー・ベーシックも教えていらっしゃる奥田真紀さんは、過去生では北欧の村で姉妹でした。美しい針葉樹の森と湖、古びたレンガ作りの簡素な建物がまばらにある村。彼女は姉で、私は妹でした。森の中できのこを採ったり、ベリー系の木の実を摘んだりしています。私は美しい姉を慕い、彼女は妹の私を可愛がっていました。

現世では私が先生、彼女が生徒という関係性ですが、私は何か頭が上がらないような気が（笑）。彼女は私の至らないところをフォローしてくれたり、口についたソースを吹いてくれたり（笑）。

現世でも助け合い補い合う関係、そして何となくいつも頼りにする関係。穏やかで平凡な「家族」だったのは納得です。

双子の息子たちとの関係性もいくつも見ていますが、息子Kとの前世の一つは、中世日本（鎌倉時代？　室町時代？）の農村で、息子が領主、私が村人、という関係でした。黒い烏帽子《えぼし》をかぶり、腰に刀をさしています。刀をさした武士も平時は鍬《くわ》を持って田畑を耕し、農民との境目は曖昧でした。

過去生の息子K領主は、道を整備したり田畑に水を通したりといった土木工事的なことや、産業を起こすなど、積極的な政策をして村を栄えさせ、人柄も優れて人望も厚く、一農民の私は「この人についていけば間違いない」という尊敬の気持ちを持っていました。

現世では親子ですが、息子Kにはどことなく一目置いていて頼りにしている理由がわかったような気がしました。今回の人生は「彼のために尽くしたい」という目的があるのかもしれません。

前世療法の漫画をアメブロで連載してくださっている、漫画家ライターすぅさんとの関係を見たら、中世（戦国時代？）琉球で、私は王妃、すぅさんは護衛の少年でした。私が18歳くらい、過去生の彼女は15歳くらいの場面が見えました。身の回りの警護ですから、強い信用がなければなりません。身分は少し違うけれども、血の繋がった親戚筋に当たるようでした。

私はすでに国王の正妻で大人の女性。誇り高く美しく、同じ一族で少し年下の少年にとっては「手の届かない憧れの人」。初恋の人だったかもしれません。私は後に、政争に巻き込まれて三十くらいで暗殺されてしまう過去生なのですが、側近だった彼は「守りたかった」「力になりたかった」という思いで見送っています。

すぅさんは、まるで「私のため」のように登場してくださって、何年もの間、たくさんの漫画で前世療法の世界を伝えてくれています。運命共同体であり、私のために戦ってくれる人のようです。

この琉球王妃は、人生に強い思い残しがあった前世なので、今回の人生はすぅさんと巡り合って、一緒に思いを実現させる人生なのかもしれません。

一晩中でも語れるくらい、色々な関係が出てきて、飽きることがありません。**一つ一つに「なるほど」という納得があります。**

ちなみに「性別が違っていたり、容姿が全然違うのに、なぜその人だとわかるのか？」という質問もよく受けます。私も、自分が前世療法を受けるまで、体験談などを読んで不思議に思っていました。

でも自分が受けてみて、とにかく「分かる」ということが分かりました。もう**「分かる」としか言いようがありません。**登場した瞬間、あるいはあるシーンを見た瞬間「あ、この人だ」と分かるのです。

クライアントさんなどで、事前に「どうして分かるのか？」と不思議がっていた方に、見終わった後「ね、分かるでしょう」とお聞きすると、「ハイ、分かりました」と答える。「説明できないでしょう」と言うと「説明できないですね」と笑ってうなづきます。とても不思議な感覚です。

❖今まであったことの意味がわかる

前世療法を受けに来る方は、「重症」の方が多い傾向にあります。

あんなことやこんなことやそんなことまで…波乱万丈でそのうちの一つでもあったら「大変ですねえ」と言いたくなるような出来事が、5つも6つも重なっている。子供時代にこんな風に育ち、若い頃にこんなことがあり、その後こんな目に遭い、傷つき、怒り、恨み、悲しみ、苦しんだ人生。人に相談し、占いに頼ったり修行をしたり、紆余曲折《うよきょくせつ》しまくった挙句《あげく》どうしても解決しないので、ついに前世療法に至る。そんな経緯で来られる方がいらっしゃいます。前世療法が最後の砦《とりで》、最終兵器ですね。

そのような方々はよく「どうしてこんな人生なのか」と口にします。そこに含まれるのは「そんなつもりではなかった」「うまくいかなかった」「外側（他人、社会、出来事）が自分をこのようにした」という視点です。

ところが、前世療法で見えてくるのは「生まれる前に決めてきた」「自分で選んだ」**「そこには意味や目的がある」**ということです。

グループ体験の中で、Z子さん（40代・介護士）は壮絶な前世を発表しました。

古い時代のヨーロッパで、Ｚ子さんは王様に仕える家臣の一人。悪いことをしたつもりはないのに、王様の怒りに触れて、拷問の上、殺されます。

「その王様は、現世で思い当たる人はいますか？」とお聞きすると、「亡くなった父です」というので、聞いていた参加者の方々は、しーんと静まりかえってしまいました（私は慣れていますが）。するとＺ子さんはボロボロ涙を流し、「分かりました。私の人生のテーマは「許し」だったんです。もう分かりました。これで手放せます」と号泣しました。凍りついた会場は、一転、熱い感動に包まれました。

「出来事」は一つですが、「意味」は一つではありません。よくある一番わかりやすいたとえは、コップに水が半分「しか」入っていないと、コップに水が半分「も」入っている、です。出来事はたった一つですが、意味は正反対ですよね。

その道の一流になった人や、お金持ちになった人で、生い立ちや若い頃に苦境や不幸を経験しているエピソードはたくさんあります。貧しい生まれや逆境は、成功した暁には「武勇伝」に変わります。

この「見方の違い」を心理学的には「認知」と言います。そして「認知」が変わることで、行動（生き方）が変わることが分かっています。でも、他人の話を聞くと簡単に理解できることも、自分が今、苦境に陥っている時には、なかなか「見方」を変えることができません。「それがよかったことになるんだよ」と言われても、腹が立つばかりです（笑）。

ところが「前世」という「別の自分」を見ることによって、頭でいくら考えてもたどり着けない180度違う視点を持つことができる。**「俯瞰《ふかん》」や「客観視」のスーパー・ミラクル・パワフル・ツール**だと説明したらお分かりになるでしょうか？

大貧民というトランプゲームがあります。あるカードを切った時に、全てのルールが反転します。どん底が、最高の光に変わる。

前世療法の現場では、Z子さんのように、「分かりました！」と叫びながら、今までの人生の意味を180度違って受け取る体験をされた方がたくさんいます。そんな気づきに立ち会うと、胸打たれずにはいられません。

❖繰り返してしまう行動の理由がわかる

前世療法を受けにくる方がよくおっしゃる台詞があります。

「いつも似たようなことを繰り返してしまいます」

「そういうことが嫌なのに、また同じことが起こります」

「同じタイプの人といつも出会ってしまいます」

前世療法あるある、です。

同じことが「たまたま」起こっているのではありません。「嫌なのに」出会っているわけではありません。潜在意識の自分のパターンが引き寄せています。

私たちはたくさんの思考パターンを自分の中に埋め込んでいます。その内の多くは、今回の人生の若い頃、子供の頃、赤ちゃんの頃、お腹の中、現世の過去に関係があります。ほとんどは忘れていること、あるいは「もう済んだこと」「もう過去のこと」「もう重要でないこと」だと思っていることです。**忘れていたり、重要でないと思っていたりすることが、実はネック**なのです。むしろ、分かっている原因の方がまだましで、覚えていないことの方が実は重症なのです。触れていないからこそ、いつまでも残り続け、見えない形で影響を与え続けています。

そして、生まれる前、この人生以外の**前世で、そのパターンを埋め込んでいる場合もあります。**今回の子供時代にそういう体験をする、ということを前世で選んでいるのかもしれません。

罪悪感。劣等感。疎外感。無力感。喪失感。失望感。絶望感。恐怖感。孤独感。たくさんの見えないネガティブな感情が、現実世界で起こることに投影されています。

前世を見た多くの方が「ああ、ここでも繰り返していたのか！」と叫びます。時代や国、性別や社会環境が違っていても、「本質」が同じ、ということがわかります。まず気づくこと。「ああ、だからなのね」という気づきは本当にたくさんあります。認めて受け入れること。癒して解放すること。それが前世療法です。

❖繰り返し見る夢の意味がわかる

前世療法でなければ紐解《ひもと》けないようなテーマもあります。

多くの方が**「子供の頃から繰り返し見る夢」**や、「意味はわからないけれども、印象に残る夢」や、**「明らかに今回の人生ではない夢」**を持っていることが、セラピーを始めてから分かってきました。

「この夢の正体を知りたい」という本気な方から、「もし分かるならついでに知りたい」という軽い気持ちの方。そしてそういうお話は一切しなかったのに、終わった後で「実はこれ夢で見たことがあります」と打ち明ける方など、さまざまです。

意味不明の３つの夢を繰り返し見るというM子さん（50代・自営業）。驚いたことに、３つの過去生を見て、３つとも分かりました。

一つは「逃げている夢」。

場所や、人物や、逃げている理由、その結果、何もわからず、とにかく走って逃げている夢でした。

前世療法で辿っていくと、それは平安時代の若い女性で、地元の権力者の男性から見初められ、半ば誘拐に近い形で愛人として屋敷に連れて行かれる。まだ若く、家族と無理やり引き離された前世の自分は、強制的な男女関係がいやでたまらず、隙を見て脱走します。白い寝間着のような着物を着て、裸足で、夜明けの霧がかった竹藪の中を逃げていくのです。そして権力者に逆らった父親をかばおうとして、斬り殺されてしまいました。

細かい状況も、その時の感情も、権力者の男性と父親それぞれ現世で会っている人も、全て判明しました。

もう一つは、とても古いヨーロッパのようで、「地震の夢」です。

前世療法で見ると、海辺の火山が噴火しています。火山灰と溶岩が噴出し、あっという間に埋もれて、街ごとなくなってしまいます。ベスビオ火山を思わせます。

もう一つの夢は、これも時代も国もシチュエーションもまったくわからない、「海辺の街」の夢でした。これは驚いたことに、なんと未来でした。数十年、数百年?先で、ショッピングセンターのようなところです。津波がやってきて街は飲まれ、自分も亡くなってしまいます。

「夢」は、なかなか謎が解けないことも多いのですが、M子さんは謎の夢3つが全部結末もわかり、今回の人生とのつながりもわかり、とても満足して帰られました。

繰り返しみる夢は「消え残った記憶」?

「繰り返し見る夢」のほとんどは、そこで亡くなっています。夢の段階では亡くなったかどうかわからない（逃げているだけとか、ただ海の風景とか）でも、見てみると死んでいる。これは私の予測ですが、このような繰り返し見る前世の夢は、亡くなるシーンが強烈なので、転生の際に「記憶が消え残る」のではないかな? と仮説を立てています。まだ証明するほどのケースは集まっていませんが、なぜ前世（未来も含めて別の人生）の夢を繰り返し見るのか、という説明としては可能性がありそうだと思っています。

❖やめられない癖や強い好みがわかる

「それって前世の影響じゃないの？」と思いたくなるような、変わった嗜好や強い好みがあります。**「なぜか」特定のものが好き、**という時に、前世療法で出てくることがあります。

「聖徳太子が好きで好きでたまらない」という聖徳太子マニアの女性（M子さん・30代・会社員）がいらしたことがあります。きっと前世で会っていたに違いないから、どういうつながりだったか見たい、という希望でした。

前世療法をしてみると、聖徳太子の親戚か甥にあたる、10歳くらいの男の子でした。秦氏の一族のようです。「ボクは秦だ」という誇りがあります。「おじさん」は一族のエリートで、遠くから憧れています。「ボクも大人になったらおじさんみたいになるんだ」と胸膨らませていますが、病で10代のうちに亡くなっています。

少年だった自分にとってのアイドル、ヒーローだったのですね。その人生で十分その憧れを満たしていなかったので、その思いが強いというのがありそうです。憧れの聖徳太子に、催眠ビジョンの中とはいえ、「会えた」ことに感動されていたようです。
「古墳が好きでたまらない」という若いのに古墳マニアの方（N子さん・20代・衛生士）がいらしたこともあります。「きっとどこかの古墳に眠っているに違いない」と確かめに来られました。

前世療法をしてみると、古墳の「設計者」でした。占いで場所を選び、資金や資材を調達し、現場監督も務める総合プロデューサーという感じ。当時は知的エリート層が限られていたため、技術や能力のあるごく一部の人がいろんな担当をやっていたのでしょうね。（「占いで場所を選ぶ」というのが結構重要だと強調していました）

埋葬されていたとばかり思っていたら、設計していたのでN子さんはびっくりするとともに、納得をしていました。
「生涯で何基くらい建設したんですか？」と聞いてみたら「30基くらい」だそうです。古墳まみれの人生ですね。

「フランシスコ・ザビエルが好きでたまらない」というザビエルマニアの女性がいらしたこともあります。日本の長崎などの資料館、ヨーロッパでスペインやフランスのゆかりの土地などを巡り歩いているそうです。

平安貴族の装束や書画などが大好きで、雅楽も大好きな方もいらっしゃいました。

私自身は、チベット仏教や文化に興味や好みがあります。風景や建物、絵や像を見るとわくわくして大好きです。質素な食事や、瞑想や、考え方にとても惹かれます。「チベットの坊さん」だった前世がかなり詳しく出てきて納得です。

「だから好きなんだ」という感覚に至ると、とても深い満足感があるようです。それはおそらく、「自分の本質に触れる」ということなのでしょうね。

❖現世で会ってる人は前世でも会っている

「今会っている人とは前世でも会っていますか？」という質問もよく受けます。

それに対する今の私の答えは、

「現世で重要なつながりのある人とは、基本的には前世でもご一緒している。家族や男女関係、親友や、逆に自分を苦しめた人など、濃いつながりがある人とは、今回が初めてではなく、だいたい何度も繰り返し会っている」とお答えしています。

魂にチームがあり、時代を変え、場所を変え、性別を変え、立場を変え、**何度も何度も出会うことで学びを繰り返しているのでは？**　と予想しています。橋田壽賀子ドラマで毎回泉ピン子さんが出てくるようなものでしょうか。

では全員そうか？というと、それは分かりません。今回「初めまして」という魂同士の組み合わせもあるのかもしれません。

ただ私の経験上、そのようなケースは少ないように感じます。「袖すり合うも、他生の縁」という仏教用語がありますが、出会っている人のほとんどは縁ある人々、と思うと、人生も奥深く感じられてきます。

個人セッションでもグループセッションでも、「前世ではそんな関係だったのか！」と興味深かった例がたくさんあるので、いろいろご紹介しましょう。

❖彼氏とは騎士と馬だった

可愛らしい雰囲気のL子さん（20代・派遣社員）は「彼とは前世でどんなつながりだったか知りたい」とワクワクしながら受けに来られました。彼氏も前世療法に理解や興味があり、二人がどんな関係だったか興味津々、結果が分かったら教えて♪と楽しみに待っているとのこと。

出てきたL子さんの前世は、中世ヨーロッパの身分の高い若い騎士。まあ、王子様です。鎧を身につけています。その時、現世の彼は？

と探っていくと

「馬です」

なんと、彼氏は前世騎士のL子さんの「愛馬」でした。

馬といっても、戦士の愛馬。戦には必ず共に出る、一心同体、いわば戦友。兄弟や恋人と同じくらい…いえ、兄弟や恋人以上に、いつも側にいて、心が通じあい、信頼しあい、深い絆で結ばれています。

性別を超えた、人間をも超えた、もっと深い部分で大事な関係。L子さんが感じたのは、男女関係よりももっと深

い魂の繋がりでした。

L子さんは涙を流すほど大感動していたのですが…催眠が終わって振り返りタイムに入り、「彼氏さん、どうだったか、楽しみに待ってるんですよね、馬でしたと言えますか？」とからかってお聞きすると、

「言えないですよー！」と大笑い。

「お前が人間で、俺、馬？ なんだよそれ！って怒りますよ（笑）」

前世療法での体験は、前世が「何だったか」ということよりも、**「互いがどんな関係だったかの方が大切**なことが多いのです。

この例でいくと、彼が「馬だった」ことにはあまり意味がなく、「深い心の絆で結ばれていた」という方が大事です。が、「体験」していない彼氏さんにはその感情感覚が伝わりません。

「見える人から言われた前世」にいまいちピンと来ないことがあるのは、そのためです。もし、L子さんが彼とは騎士と馬だったと言われたら、

「えー、恋人同士じゃなかったの？　私、男。彼、動物？」

としっくりきていなかったかもしれません。

❖夫とは源氏と平家だった

夫婦の縁を知りたい、という方もたくさんいらっしゃいます。そりゃそうですよね（笑）。G子さん（40代・パート）の悩みもそうでした。「なんでこの人と結婚してるのかな。どうしてこういう関係なのかなー？」とおっしゃいます。

前世に入り始めるとすぐ「（自分は）鎧を着ています。日本です。辺りは戦場です」**夫婦の関係を見に行ったら、戦場。**もうどんな関係だったかG子さんも私も半分分かってしまって「あー」と苦笑いが出てしまいます。

G子さんの過去生は、まだ若い、二十歳代？　の武士。立派な身なりで馬に乗っています。馬も装飾がついて立派そうです。色が白く、うりざね顔できれいな顔立ち。

「（自分は）平氏です」源平の合戦なんだ。

気持ちを聞いてみると「仕方なく来ている。できれば逃げたい」

全くのヘタレです（笑）。

どうも、貴族化した末期の平氏で、京都で生まれ育ち、武士としてのトレーニングもほとんど受けていないのに、「箔《はく》をつけるため」に駆り出されているようです。

では、現世の夫は？　と聞いてみると、「源氏の武将です。40代くらい。髭が生えていて、強そうです」歴戦の強者《つわもの》らしい。

G子さんは「イヤー」と言いながら笑っています。もうだいたい結論は見えていますが、きちんと意味を受け取っていただくために、きっちり最後まで見ます。

二人は共に馬に乗って、戦場で対面します。源氏だった夫は「こいつは討ち取れば手柄になる本命だ」と見逃さず、平氏だったG子さんは無様に逃げようとしますが、力の差は圧倒的で、あっという間に討ち取られてしまいます。

催眠が終わってから、「この関係で、思い当たることありますか？」と確認したら、「大ありです。夫には頭が上がらないような気がずっとしていました」とのこと。それ以上の細かいことはお聞きしませんでしたが、他にもいろいろ納得されたようです。

現世では男女。現世では家族。でも、前世が仇同士、殺しあっていたことは珍しくありません。前世が宿敵であっても、恨んだり呪ったり仕返ししたりするわけではありません。**敵味方というのは単に「役割」**であって、今回は仲良しということもあるのです。

G子さんには、ヘタレな平氏の前世の自分がよっぽど可笑しかったらしく、名前は分からなかったので、「まろ」とあだ名をつけて、ずっと「まろが…」「まろは…」と説明していました。

G子さんは単に「苦手。頭が上がらない」と、ネガティブな気持ちで感じていた夫のことが、実はヘタレな自分を刺激し、鍛える役割だったと、感じたのかもしれません。

❖前世で息子を火あぶりにしていた

ちょっとショッキングな話ですが、夫婦が源氏と平氏だったように、親子でも敵味方だったことは十分あります。

H子さん(30代・主婦)はグループ体験に参加されましたが、あまり見えないタイプでした。終わった後のランチ懇親会で、皆さんの話を楽しそうに聞いていました。

「どうして今回参加されたのですか?」と動機をお聞きしたところ、

「実は、息子がひどいアトピーなんです。ものすごくひどくて、どうやっても治らない。治療やケアや食事や…本当にとっても大変で、どうしてうちの子が?　なぜ自分はこんな辛い目に合わなければいけないのか?　精神的にものすごく辛いのです。

ずっと以前に、見える人に、前世で息子を火あぶりにしていた、と言われたことがあるんです。

それがとっても不快で、前世なんか知りたくも考えたくもない、と思っていたんですが、どういうわけか、またふと前世のことが気になり、見たくなったんです」とのこと。

そこで私は「あくまで聞いた話、あくまで一般論ですが」と前置きした上で、「アトピーなど慢性的な皮膚疾患があるのは、前世で火傷を負ったり、焼け死んでいる可能性があると聞いたことがあります。火事にあったり、火あぶりにあったりしているケースです」と話しました。

そして、半分くらい当てずっぽうで（可能性を探るために、別に確証がなくても、球を投げてみる、ということをよくやります）

「H子さんが見える人に言われてすごく不快になったのは、もしかして図星だったからじゃないですか？」とさらっと言ってみました。

すると、H子さんは**突然ドーッと涙を流し出して「そうかもしれません」と言い出した**ので慌てました。あ、当たってた？

当然ながら、現世で可愛い我が子を殺していた、というのは、頭では受け入れがたいことです。

しかも自分は悪人で、残虐《ざんぎゃく》だという状況も、認めるのはふつう耐えがたいことです。

でもその時H子さんは突然腑《ふ》に落ちたようです。自分がかつてひどい苦しみを与えた側だったこと。だから今回は、苦しみを救う側に来たこと。治療や世話がどんなに大変でも、やり抜こうと決めてきたこと。今まで「不運」や「不幸」にしか見えなかったお子さんのアトピーが、「今回の人生をかけて償《つぐな》いをする」機会であったこと。

レストランで皆の前で、「お陰さまで分かりました。**すごく気持ちが楽になりました。来てよかった。**ありがとうございます」と涙を拭いていました。その場は感動に包まれました。

誤解していただきたくないのは、これが一般論というわけではなくて、あくまでケースバイケースだということです。アトピーのお子さんが必ず火傷の過去生があるわけでもないし、「親子関係の中で苦しみがある場合は過去生で悪いことをしていたから償うため」というわけでもありません。前世との相関関係は千差万別です。

大事なことは、「ああそうだったのか」という納得ポイントがどこかにあり、そこを探っていくことに意味がある、ということです。

H子さんのケースは、「家族」という最も「愛」がある関係の裏表としての悲惨な関係があったこと、**「辛い」ことが「愛の表現」だと気づいた**ことに意味があります。

ドラマチックな気づきで深く納得されたG子さんは、もうフルセッションを受けに来ることはありませんでした。チョッピリ寂しいです。

❖職場の同僚がチームで転生

縁があるのは、家族や恋人だけではありません。学校、職場、教室、**「仲間」や「同僚」がチームで一緒の前世、というパターン**も見られます。

I子さん（30代・会社員）は、女性が多い小さい職場にお勤め。そこでのイジメが激しく辛い、という悩みでお越しでした。

出てきた前世は、イギリス？　のお屋敷に勤めるお手伝いさんです。そこの女主人が、勤め先の女社長です。わがままで感情的で高慢。使用人に威張りちらしています。同じく性格の悪い使用人頭が、職場でI子さんをいじめている一人です。

屋敷に住むおぼっちゃまは、別のお手伝いとデキています。現世では職場にいる男性職員と、パートの女性だそうです。性格はだらしなくいい加減で、隙をみてはイチャイチャしていて、I子さんは時々窓から二人の様子を目撃して、やれやれと思っています。無口な馬の世話係がいます。お屋敷の人間模様から一歩距離を置いています。

まあ、そんな調子で、お屋敷にいる人いる人、今の職場の人たちです。まるでTVの連続ドラマのようで、矢印がいっぱいついた相関図を描かないと分からないよー（笑）。

イジメの首謀者の女社長の前世の奥様のことをさらに探っていくと、形ばかりの結婚で夫との間に愛がなく、身分やお金はあるけれども、心の中は不幸だということが分かりました。使用人達に威張ったり、イジメたりしているのは、満たされない寂しさを埋める八つ当たりだったのです。I子さんは、現世のイジメの背景に、女社長の心の傷のようなものを発見します。

おぼっちゃまとメイドさんのペアは、現世ではI子さんのプライベートを詮索したり、覗き見のようなことをしているとのこと。「彼らは、前世で私がやっていたことをやっていたんですね」としみじみおっしゃってました。

セッションの後、I子さんからは丁寧なお礼とその後のご報告のメールをいただきました。あれほど辛かった職場のイジメが**「離れた高い位置から見る」ことで、すっかり楽になった**とのことでした。

女社長にいびられても、心の中で「まあ、奥様、まだ同じことを繰り返してらっしゃるのですね」と余裕で微笑むことができるようになったそうです。男性職員とパートさんの詮索《せんさく》に辟易《へきえき》しながらも「前世では私も悪かった」と鷹揚《おうよう》に構えることができるようになったとのことです。

❖ペットのワンちゃんは象だった

現世で家族や恋人は、往々にして前世でも会っていますが、**深い絆《きずな》のあるペットちゃんとも、転生してまた一緒にいる、**というケースがあります。

P子さん（50代・主婦）の前世は、インド？　暑い国に住む、痩せた中高年男性、ヒゲがあるおじいさんです。あまり身分は高くなさそうです。

象を飼っています。職業は象使いのようです。今で言えばお抱え運転手とか、そんな感じ？

「この子、Qちゃんです」とP子さんは泣きだしました。なんと**その象は、飼っているペットのワンちゃんでした。**その前に「彼氏が馬」だったケースと出会っていたので、「犬が象」もアリだよねーと思えました。

馬と騎士の関係と同じく、象と象使いも一心同体の特別な関係。仕事仲間で家族です。動物と人という関係を超えた絆は、転生《てんせい》でもあるのでした。

現世が猫で前世も猫、現世が犬で前世も犬、というパターンはもう少しありました。

T子さん（50代・自営業）は前世で亡くなるシーンの時、

「そばに誰かいますか？」と質問すると、

「飼っている犬が見守っています」と答えていました。

その数日後、お会いする機会があったのですが、

「根本さん、わかりましたよ！前世で死ぬときにそばにいてくれた犬は今のうちの子です！**家に帰って目を見た瞬間、ハッと分かった**んです。そしたら今頃分かったの？っていう顔で私を見たんです。あの子は分かってたんですね」とウルウルしながらご報告くださいました。


今は家族の一員として暮らし、限りなく人間に近い心の繋がりがあるペットちゃんも多く見るようになりました。そのように、深い絆のあるペットには、深い絆のある動物の過去生があるのかもしれません。

❖私は空海に会っていた？

歴史上の有名人に会っていた？　というケースも、多くはありませんが散見されます。

C子さん（30代・セラピスト）の前世には、空海が登場しました。空海は多分20代、唐から帰ってきた新進気鋭のスーパーエリート坊さん。C子さんは同じ寺にいてまだ10代の若い弟子でした。

私は真言密教や空海が大好きですので、身を乗り出すようにして誘導していましたが、C子さんは突然、「根本さんがいます」と言うではないですか！

もしかして空海と一緒の時代にいたらいいなーと思ったことはありましたが、自分では見たことがないので、ドキドキしながら続きを聞くと、

「根本さんのお葬式に出ています。位の高いお坊さんです。かなりの高齢で亡くなりました」

私の葬式に出てたんだ。クライアントC子さんとは初対面なのに。前世の私は空海より50歳くらい年上で、お坊さんとしてご一緒していたのねー（感激）。

私は一時、真言密教のサークルに入っていたことがあります。月に一回くらい集まりがあって、そこでは真言を唱えたり読経したりしていました。真言宗の基本経典は、理趣経《りしゅきょう》。お経というと般若心経《はんにゃしんきょう》が有名ですが、般若心経が2ページで2分くらいだとすると、理趣経はもっと長いお経です。発音としては、カキクケコやサシスセソの子音が目立ち、さばさばした耳障りです。

新参者の私は一生懸命先輩方について唱えていましたが、先生に「ねもっちゃん、初めてなのに上手いねえ。理趣経って難しいんだよ」と言われてびっくり。

上手いも何も、経典を棒読みしてるだけだし、ふりがなもちゃんと振ってあるし、慣れている周りの皆さんが唱えるのを必死に口真似しているだけなのに？

「いやあ、すごいね。ほんと難しいんだよ」と師匠は盛んに感心したように言ってくれます。

「前世で読んでたんじゃないの？」　アーッハッハッハ」とからかわれて、そうかも、とぬか喜びしていたのですが、まさか、個人セッションの最中に登場するとは。

もしもご一緒していたとしたら、日本の精神世界の重要な節目に立ち会っていたということになります。想像しただけでエキサイティングです。

「有名人」が出てくるのも、前世療法の楽しいところの一つです。もともと歴史は嫌いではなかったのですが、前世療法をやるようになって、日本と世界の歴史に詳しくなりました。そこにいたかも、という臨場感で歴史を紐解くと、とても面白いですね。

コラム
2
世界中から集まる、ワイス博士のセミナー

２０１６年、アメリカまで飛んで、私の前世療法の原点であるブライアン・Ｌ・ワイス博士の前世療法セミナーに参加しました。

150人の参加者は、世界中の驚くほどたくさんの国々からまんべんなく集まり、リアル・イッツァ・スモールワールド。毎回キャンセル待ちが出るほどの人気です。ニューヨーク州郊外の広大な敷地にある緑豊かな宿泊研修施設に泊まり込んで、６日間みっちりのスケジュールでした。「世界のワイス博士」が数メートルの距離にいて、午前・午後、生講義をを受ける。夢のように贅沢な時間でした。

医療関係の方も多くいました。医師、看護師、整体師、そしてヒプノセラピストやセラピスト、カウンセラーなど心理関係の方々もいました。それぞれの分野でのプロフェッショナルの方々が、前世療法に興味を持っているのが心強く感じました。

日本でもそうですが、前世療法に興味を持つ方の中には霊能のある人（サイキック）の割合が高いです。世界中の方の霊体験をお聞きすることができて、人種や国籍が違っても人間は同じなんだなあ、と感慨深かったです。

ワイス博士と著者とのツーショット

ワイス博士が出演したテレビ番組での催眠の実演を動画を視聴したり、会場の参加者から被験者を選んで誘導の生実演を見たりして、それはそれは刺激を受けました。

たった10数分の誘導でその場で選ばれたクライアント役5~6人全員が号泣するという展開に驚きました。この時の体験がヒントになり、後の誘導法が大きく進化しました。

お聞きしたかったことを直に質問することもできたのは、かけがえのない収穫です。「考えない」「疑わない」「否定しない」という三大原則にお墨付きをいただき自信を持てました。

感動したのは催眠の要である「誘導の声」です。こればかりは生に勝るものはありません。

飛行機に乗って、がんばって参加して、本当によかったと思えました。

（著者）

第３章
見えないものを感じる

❖前世は「見える」だけでない

前世療法で出て来る過去生は**「見える」とは限りません。**「映画のように」見えると思い込んでいる人が多いのですが、実際の受け取り方には個人差が大きいです。人間には五感があります。視覚以外で受け取る方もいます。

人間は視覚的な動物なので、「見える」人の方が多数派です。ざっくりとした経験則では、**だいたい7割が「見える」タイプ、3割が「見えない」タイプ**です。3割は多いですね。決して「一部の例外」ではありません。「見える」タイプの中でも個人差は大きく、「ありありと映像で見える」方はほんの少数です。**「見えてるような、見えてないような」曖昧な見え方が多い**ようです。

面白いのは「体感」がある方が結構多いことです。暑い、寒い、湿った、乾いた、柔らかい、硬い、重い、軽い、痺れる、などなど、**皮膚感覚や重力感覚**を感じる方がいらっしゃいます。

ビジョンで見えた場合は、「本当に見えているのかな?」という疑いの念がわきやすいですが、体感覚で受け取る場合は、リアリティが強いようです。

体感タイプの方は「見えたものだったら、自分が作ったのじゃないか? と疑いの気持ちも持つかもしれません。でも、体で感じたことは自分が作ったとは思えません。だから、本当だったんだー という実感がわきます」とおっしゃることが多いです。「見えて」いない方が逆に実感が強いという のも、興味深いですね。

この章では私が出会ったさまざまな「体感」パターンをお話ししましょう。

❖温度や湿度を感じる

「前世を体感する」で比較的多いのが、温度感覚です。**暑い、寒いを、なんとなく感じる**方は結構います。

Ｈ子さん（30代・会社員）は、催眠に入り始めてすぐ「寒いです」と言いました。

「雪が降っています。外にいます。足元がびしょびしょ濡れて冷たい。寒い。寒い。寒い」

あんまり寒そうにしているので心配になって、

「暖房が寒いですか、温度上げましょうか？」と声をかけると

「そうじゃないんです」とおっしゃる。

そうか、と思って暖房はいじらずに続けると、やはり

「雪の道を歩いていています。雪がどんどん降ってきます。ガタガタ震えます。寒い。寒い」とずっ

と寒がっています。大丈夫かなー？　本当かな、と心配しながら、なんとかその過去生は最後まで見ました。

少し休憩を挟んで、二つ目の前世を見ることにしました。H子さんは催眠にが入り始めてすぐ「暑いです」と言いました。

「日差しが強いです。海が見えます。南の島です。暑い」

さっきまでガタガタ震えんばかりだったのが嘘のよう。空調はいじっていません。

ああ、H子さんはまず温度感覚から入るんだ、と分かりました。

その後もずっと「暑い。暑い」と盛んに言っていました。あんまり暑がるので心配になって、温度を下げようかとも思いましたが「いいんです」とおっしゃる。

どうも、寒がったり暑がったりする前世の自分と、現世で空調の効いた部屋にいる自分を、同時進行で体感されているようです。

同じように、**場所を湿度で感じる**こともあります。

「ひんやりしています。少し湿《しめ》っています。空気がきれいです。森林です」

「暑いです。乾燥しています。埃《ほこり》っぽいです。砂漠です」

「空気が冷たいです。乾いています。殺風景な感じです。高い山の上にいます」

「暖かいです。空気はしっとりしていて、土の匂いがします。畑です」

こんな風に、まず温度湿度、気候天候から、場所が浮かんで来る、というタイプの方がいらっしゃいます。こういう方は「何が見えますか？」と聞いてもあまり出てきません。**体感が先行して、それが呼び水になって情景が分かる**ようです。

❖匂いを感じる

あまり多くはありませんが、**「嗅覚《しゅうかく》」**、**匂い**が出てくることもあります。

私自身はあまり嗅覚では出てこないタイプですが、匂いの体験も少しあります。「どこですか？」と自分の内で場所に意識を向けると、ふっと鼻先に**潮の香り**がします。海です。匂いで場所が分かった時は感動しました。

同じように「どこ？」と場所に意識を向けた時に、まず緑豊かな田園風景が浮かび、ふっと**梅の香り**がしました。春です。匂いで季節が分かりました。

こんな衝撃的な「匂い」の体験もありました。

遊女です。病気になって寝ています。使い物にならなくなったので、遣り手婆《やりてばばあ》（引退して管理職になった元遊女）が辛くあたっています。「これでも食ってろ！」と弱っている自分の枕元に腐った握り飯をボンと置きます。

「**すごい異臭**がします！」と驚いています。腐ったおにぎりの臭いまでわかるんですね。

逆に、素晴らしくよい香りのシーンもあります。

インド、中東？　後宮に勤める踊り子が出てきます。ひらひらした薄手の衣をつけ、下はふっくら膨らんだズボンのような感じ。若くて美しい女性です。

「どんな人ですか？　感じてみてください」と言うと、ふっと甘い香りがします。花のような、妖艶な香りです。**香水のようなもの**を着けているようです。これで、前世の人物の置かれた状況や生活、身分、個性、といったものにリアリティが出てきます。

前出のアロマセラピーを志している方も、前世で薬草、ハーブ？　の調合のようなことをしている場面が出てきました。

「好きだった香りをかいでみてください」と誘導すると「**ラベンダーの香り**です」。ラベンダーは薬効が高く、使用範囲が広く、歴史の古いハーブです。この香り自体が、今回の人生を後押ししてくれるキーポイントになりました。

香水やお香の香りが出てきた場合は、よく覚えておくように誘導しています。後で香水等で、似ているものを探してもらうためです。それで、歴史、文化、時代などが絞られるかもしれません。または、前世の自分の感性や暮らしにぐっと近づけるかもしれません。

❖味を感じる

匂いよりもっと少ないですが、**味がわかる**こともあります。

私は2回だけ味覚体験があります。1回は、古代エジプトの奴隷、労働者？　の前世で、仕事の後に**ビールの原型のようなもの**を飲んでいました。

木のお椀のようなものに入っていて、どろどろしたおかゆのようなもの、飲み物と食べ物の中間のような感じです。冷蔵庫なんかありませんし、暑い地域ですから、もちろん常温です。小麦の甘酒、どぶろくのようなものかな？　軽く微発泡《びはっぽう》していて、古代の自分にとっては**「美味しい」**のです。肉体労働者の自分にとってカロリーがあって元気になる、好物だったみたいです。

現世でもお酒が大好きな私ですが、この頃から好きだったのですね。

もう一つは、古代ローマの役人だった前世で、船旅をしている時に船上で食べていた、**ぶどうジャ**

ムのようなものです。固いパンと一緒に、毎食のように出されていたもので、あまり甘くない。しょっぱくて、にがりのような苦味があって、ジャムというより佃煮に近い感じかな？　古代の自分にとっては**「美味しくない」**ものだったようです。

人によっては、とても印象深く味が登場する人もいます。

ツイッターで話題になった「平安時代のお坊さんだった過去生を思い出した」人は、味覚が詳細です。出家する前に貴族だった頃「ヨーグルトを食べていた」「お酒を飲んでいた」体験が出て来ていて、現代のヨーグルトや日本酒とはどうも趣が違います。**ヨーグルトは「香ばしい」感じ、お酒は「南国のリキュールのような」感じ**で、私たちの常識とは違うし、ちょっと思いつかないような表現です。

味覚は歴史的に確認するのは、モノで残っているものと比べて難しいです。それだけに、少しでも史実で後追いができた時は、一層実感がわいてきます。

❖ 重さを感じる

「重さを感じる」体験もけっこう多いです。

「荷物を持っている」「背中に何か担いでいる」などの場面では、必ず重さを聞いています。重いか軽いかを感じてもらうと、何を持っているか、どのくらいの量をもっているか、わかってくることが多いからです。

「腰に小さな巾着袋《きんちゃくぶくろ》を身につけています」という場面を見た方に、重さを尋《たず》ねると「ずっしり重い」という答えでした。そこから、中に「小判がたくさん入っている」シーンがわかってきました。

「何か重いものが上にのしかかっています。硬くてざらざらして…石のようです。大きな石が上から押しつぶしてきます。ああっ、重い、重い、潰される！！！」

古代エジプトの過去生で、大きな石を運んでいる作業中に、事故で柱のようなものが倒れてきて、押しつぶされる場面を見た方がいました。（もちろん、体感する自分と、映画を見ている観客のような自分と同時進行ですので、安心して下さい）

Ｋ子さん（50代・自営業）は韓国の女性の前世を体験しました。身分はそこそこ高かったけれども、だんだん没落し、孤独で不遇な人生でした。

人生の最後、横たわっている時に、上からふわりと布をかけてもらう感触が来ました。Ｋ子さんには、布の模様も見え、重さも手触りもリアルに感じられました。どんな気持ちかお聞きすると、「懐かしいです」と言って号泣しました。

身分が高かった時の最後の形見が、その布でした。ブランケットのような、テーブルクロスのような、ちょっと厚手の立派な生地です。だからその布は懐かしい「思い出」であり、晩年の孤独と悲しみの象徴でもありました。重さや肌触りに、出来事と感情が密接に結びついていたケースでした。

❖体の感覚いろいろ

温度感覚、皮膚感覚の他にも、体感覚はいろいろあります。

「**胸が苦しい**です。呼吸ができません。咳《せき》をしています。肺の病気のようです」

晩年のシーンで、病気を経験することは少なくありません。どこがどう苦しいかを感じていただくと、現代医学的に言うどんな病気か、だいたい分かったりします。

「**とてもだるい**です。起きられません。熱はないです。でも高い熱がある時のような感覚です」

不遇な晩年に酒浸りになった場面を見た後の体感は、どうも肝臓を悪くしたようです。

「閉じ込められている」という感覚が出て来ることもあります。「横たわっています。左右に壁が迫っています。上にも天井のようなものがあります」箱のようなものの中に入っている場面が出て来たケースもありました。

「全身が麻痺《まひ》して動かなくなる病気」を体感した方がいらっしゃいました。不自由さに涙し、動けない精神的辛さが出て来ました。

現世の旦那さんが同じような病気にかかったことがあったということを思い出したそうです。看病する側にいた時はもどかしさや、自分も大変だったりして腹立ちもあったそうですが、この体感をして「こんなに辛かったなんて」と号泣していました。

体感は、ある人とあまりない人に分かれます。ちなみに、私はあまり…というかほとんど体感はありません。体感がある人は決して多数派ではないのですが、バラエティに富んでいて興味深いです。

面白いことに、身体症状を前世で見ると、現世で長年持っていた**体の痛みや、恐怖症がなくなる**ことがあります。例えば「矢が刺さった」場面を見ると、刺された場所にあった痛みが消えたりします。「閉じ込められた」過去生を見ると、閉所恐怖症が治ったりします。どうも、前世を見ることで、痛みや恐怖が「終わったこと」になるようです。逆に「忘れているけど記憶に残っている」と消えず、「思い出す」と消える。**記憶は「取り出すことで無害になる」**のかもしれません。

❖災害や処刑の体験

災害や、処刑の体験が出て来る人もたくさんいます。

「火が…火が…熱い！熱い！煙が…ゲ、ゲホゲホッ」と**リアル火事の場面**を見られた方がいらっしゃいました。

思わず「だっ、大丈夫ですか、やめましょうか？」とお声をかけましたが、**そこだけ素に戻って「大丈夫です」とおっしゃる**ので、こちらがドキドキしました。

「足元が水です。海です。冷たい。足元は岩に鎖で繋《つな》がれています。だんだん水が上がってきます。冷たい…冷たい…み、水がっ…怖い！」

なんと、潮の満ち引きを利用して、**溺死《できし》させるという処刑方法**でした。そんなのあるのか？　と思っていたら、調べたらあったそうです。

「どこにいますか？」と聞くと、少し高いところにいて、下を見下ろしています。下には大勢の人が集まっていて、自分のことを見上げています。首には縄がついています。
「うぐっ！ぐぐっ！くっ、苦しい！首が！首が！」
なんと**リアル絞首刑の実況中継**です。しばらくすると静かになり、「楽になりました」と。
「あー、亡くなったんだ！」そんなところまで追えるのですね。

前出の竹藪《たけやぶ》の中を逃げた人の場合、「追っ手に追われて、刀で切られる」その時の叫びは「熱い！」でした。**刀で切られた体感は「痛い」ではなくて「熱い」だった**そうです。三島由紀夫の小説「憂国」の中の切腹シーンの描写に似たものがありました。その方は現世ではもちろん刀で切られたことはないのですけれども、とてもリアルですね。

念のために申し添えておきますと、このような衝撃的なシーンを見ても、現世の自分には問題は起こりません。本当に痛いわけでも、本当に苦しいわけでもありません。**映画を見ている時や小説を読んでいる時と同じ**です。映画で銃で撃たれるシーンがあるからといって「痛いから見に行かない」という人はいないですね？

また「見えてくるものは自分自身が選んでいる」ので、自分が受け入れられないものは出てきません。出てきている時はどんなに衝撃的に見えても、自分にとって大丈夫だと自分が許可しているのです。

怖がっている人は、怖いものは出てきません。自分自身を思い切りグーパンチってできませんよね。私たちの潜在意識はきちんと自己防衛しているのです。

見終わった後お話を聞くと、このようなショッキングなシーンを体験された方は、痛かったり苦しかったりする体感が、きれいさっぱりなくなっていることに驚きます。そして「とても面白かった」とおっしゃいます。

さっきまで大騒ぎしていた人が、まるで遊園地のアトラクションに乗った後のように本当に楽しそうにしているのを見ると、体感が薄いタイプの私は、ちょっと羨ましくなります。

❖前世療法は「見えない世界」への扉

皆さんは「**体外離脱**」という言葉を聞いたことがありますよね。「**幽体離脱**」とも言われます。体から抜けて天井から自分の体を見るとか、ふと目覚めたら何十キロも離れた実家にいたとか、体と意識が離れる現象です。「体を離れた意識が存在する」ということを信じない人にとっては「夢でも見ていたんでしょう」としか言えないことですが、実際に少なくともそのような「主観的体験」は存在します。

実は体外離脱という現象は、思ったよりもたくさんの人が経験しているということに前世療法をするようになって気づきました。面白いので、セッション前に記入していただくカルテに、いわゆる霊体験や超常体験があるかどうかをお聞きする簡単なアンケートをつけたところ、ざくざくいらっしゃるのです。

「ある」と記入した方には状況をもっと詳しくお聞きしたりもするのですが、多くの方に共通したパターンが見られたり、リアリティが高かったり、「こんな話をわざわざ作り話としてするわけないよなあ」と思われるような会話だったりして、私にとって体外離脱は「よくある話」になっている今日この頃です。

体外離脱もそうですが、声が聞こえる、ビジョンが見える、姿が見える、メッセージを受け取る…そのような現状は、「眠りに入る時と、眠りから出る時」に多いということも分かりました。そのほか、夜中にふと目覚めた時、昼食後うつらうつらした時、熱が出て寝苦しい時…起こりやすいシチュエーションの多くは「**半覚醒状態**」なのです。

この本を手にとっている方の中にもたくさんいるはずです。「あっ、そう言えば…」と思い出す方もいますし、「夢だと思っていた」「気のせいだと思っていた」という言い方をする人もいます。

霊能者とか霊体験というと、ごく稀なことや特別なことという印象を持つ人もいますが、この程度の「気のせい体験」はかなり多いです。

亡くなった家族がそばにいるような気がした、一瞬だけ姿が見えた、声が聞こえた、などという体験はもっと多く、「自分がそう思いたかったんだろう」とか「寝ぼけていたんだろう」と思っていたけれど、「潜在意識の蓋が開くタイミング」で起こっているということを指摘すると、「やっぱりそうか」と自分の感覚の方を認めるようになる方もいます。

私は単純に「前世が見たい」という動機で前世療法を始めましたが、実は前世を見るなどということは「ほんの一部です」ということがだんだんわかって来ました。

そして、このような体験は誰にでもできる可能性があり、一種の身体技能です。**トレーニングや慣れによって「だんだんできるようになる」**という性質のものだということもはっきりしてきました。多くの方が前世を見たことも体外離脱をしたこともないのは、単に「まだやったことがないだけ、「慣れていない」だけだということも分かってきました。

そのトレーニングの部分を私なりにまとめてノウハウ化したのが、第9章です。「神様と繋がって〜」「呪文を唱えて〜」というような神秘的な方法は入っていません。語学やスポーツと考え方は全く同じで、地味で地道なものです。

前世療法を受けた後「能力が開いた」方々もけっこういます。「精度が上がった」「コントロールできるようになった」「やり方が分かった」などと、お喜びの感想をいろいろいただきました。「もともとできていたことを認めた」という形の方もいます。

「えー、霊が見えるようになっちゃっちゃったらコワイ！」

「体外離脱しちゃったらどうしよう？」

などと怖がる人がいますが、**そんなに簡単にはできない**のでご安心ください（笑）。１日英会話教室に行って「今日からぺらぺら！」になる人が少ないのと同じです。ドラマティックに能力が「開く」方は、だいたいそれまでに伏線がたくさんあって、もうご本人も分かってやってきていることがほとんどです。

むしろ、開きすぎて困っていた方が「閉じ方が分かった」というような、自分の側に制御が取り戻せる効果があると言った方が正しいかもしれません。

ですので、ＨＰのご案内でも「前世療法を受けた方がいい人」の列挙の中に、この「見えない能力を使いたい」という動機の方を歓迎しています。

私は今まで見えない世界を体験したことのなかった人が、体験できるようになることを「霊能の民主化」と名付けています。生まれつきの特権階級だけが能力を独占し、下々はそれを崇《あが》めて頼っているだけ。そんな古い構図は終わろうとしています。

この本をお読みの方の中には「インチキな霊能者にだまされた」「能力があるという人に振り回された、嫌な目にあった」という人がいるはずです。いっぱいいますから（笑）。だから自分の手に主導権を取り戻す。とても健全なことではないでしょうか。

もちろん人間的にも優れた能力者の方々もたくさんいますし**「見えない世界」への理解やサポートをする役割はむしろますます必要とされてくる**でしょう。でももう「この人に聞けば安心」という「権威」への依存関係ではなく、皆より少し先を行っている「先輩」といった信頼関係へ進化していくでしょう。

見えないものを感じたり、前世を知ったりするのは、これからどんどん当たり前になっていくと私は考えています。特別なことや変なことではなくて、普通のことになっていくと思っています。前世を見る、ということは、ワクワクするような世界のほんの入り口で、潜在意識の扉を開けた時に起こることは、たかが前世を知るどころではなく（！）、もっと広大な領域なんだろうな、と予感しています。

コラム３

「霊的人生観」とポジティブ心理療法

（千田要一：精神科医、医学博士、ＨＳＣ理事長）

心肺停止した仮死状態から魂が体外離脱して、光のトンネル、三途《さんず》の川や花畑、死者や神仏との対面など「死後の世界」を垣間見て来る体験が臨死体験（立花隆『臨死体験』文春文庫）で、退行催眠により自分の前世を思い出し、今世の人生問題を解決するヒントを得るのが前世療法（ブライアン・ワイス『前世療法―米国精神科医が体験した輪廻転生の神秘』ＰＨＰ文庫）です。

そういった研究から明らかになってきたのが、永遠の生命（魂）が、あの世からこの世に幾度も生まれ変わる「転生輪廻（てんしょうりんね）」を通して心の修行をしていることです。転生輪廻思想は、仏教やヒンズー教など東洋文化圏で古来より説かれてきた人生観ですが、近年になってキリスト教を基盤にした西洋文化圏でも報告されるようになったことは刮目に値します。

確かに、永遠の生命と転生輪廻の「霊的人生観」を持つと、人生に降りかかってくる諸問題に対し、「自分の心を磨く上でどのような意味があるのか」とポジティブに考えられるようになります。

実は、私は最近、この「霊的人生観」をベースにしたポジティブ心理療法に効果があることをランダム化比較試験（Randomized Controlled Trial）で証明し論文発表しました。

ちなみに、ランダム化比較試験は、臨床介入研究では最も科学的に洗練された研究デザインとされています。

研究内容は、私のハッピースマイルクリニック（ＨＳＣ）に通院する患者さんに、毎週１回90分のＨＳＣ集団心理療法に計５回参加していただきました。その結果、ポジティブ心理療法に参加したグループ（14人）では、参加しなかったグループ（12人）にくらべ、「悲しい、孤独でさびしい、気分が沈んで暗い」などの抑うつ症状が有意に改善したのです。
うつ病は、一生の間で7人に1人がかかる「心の風邪」といわれていますが、「霊的人生観」をベースにしたポジティブ心理療法がうつ病に対し実際に効果があることが証明されたのです。

出典：『現世療法』クラブハウス刊行より

コラム 4

前世「占い」ではない

霊能者に前世を見てもらう「前世リーディング」と同じように、よく前世療法と混同されるのが「前世占い」です。

普段自分やクライアントさんの前世を見ていると、前世を「占う」という意味が分かりません（笑）。自分の子供時代に何があったかを占う人はいないですよね。「記憶」は「取り出す」ものです。

また、これは私のはっきりした意見なのですが、前世が「何だったか」は実はどうでもよいのです。前世で「どんな体験をしたか」「どんな感情的な意味があったか」が決定的に重要なのです。前世を「感じる」ことで自分自身を知るという奥深さを知ってしまうと、「違うんだよなあ」と思ってしまいます。

（著者）

第4章
変わった前世と記憶

❖動物だった前世

動物の前世は、家族との関係性でよく出てきます。

O子さん（40代会社員）は夫との関係で悩んでいました。旦那さんは病気のために休職し、O子さんが家計を支えています。自宅療養をしていて精神的にも支えています。O子さんは「どうして自分ばかり頑張らないといけないのか」と不満に感じることもありました。

出てきた前世は、12歳くらいのアメリカ人の女の子。お父さんと一緒に、保護犬を貰い受けに行くところです。ずっと犬を飼いたかったので、やっと念願叶うのでわくわくで胸いっぱいです。このお父さんが前世の旦那さんかな？　と予想して探っていくと、なんと旦那さんの前世は引き取られるワンちゃんでした。

この時O子さんは思い出しました。ワンちゃんのことが大好きだったこと。可愛くてたまらなかったこと。「やっと会えた」と思ったこと。号泣しながら、旦那さんが「大好きで大事にしたかった存在」だったことを思い出しました。

動物の前世は、自分の感覚を広げてくれることがあります。

H子さん（50代自営業手伝い）は、空を飛んでいるシーンから始まりました。「もしかして鳥？」と思いながら自分の体を見ると、白くて丸い体、丸い頭、短いくちばし…鳩のようです。背中を意識してもらうと、ちゃんと翼があります。「えー、私鳥〜？　えー、私鳩〜？」と言いながらげらげら笑っています。

鳩は特に何かしている場面ではなかったのですが、高いところから地上を俯瞰して見ていました。家庭と、家業と、それだけの小さい世界で、違う人と会うことも、新しい出来事もない決まりきった日常を送っていたエ子さんにとって、「視野が広がる」感覚を思い出すことができました。

虫（昆虫）だった前世もあります。

P代さん（40代・会社員）は不妊に悩んでいました。過去生を見ると、女王蟻でした。巨大な白い体で、地下の穴蔵のような巣の中で、卵を産み続けています。「女王」というネーミングとは裏腹に、外に出ることもなく、他にすることもなく、ただ延々と産み続けているだけ、まさに「産む機械」です。

この前世を見たP代さんは「産むのは散々やってたんだから、今回はもういいや」「もっと人生を自由に楽しもう」という感覚になったそうです。

❖木だった前世

原始人だった前世や動物だった前世はまだ分かるのですが、なんと「木」だった前世が出てきました。

前世療法セミナーでのグループ体験で皆さんの前で見えた前世をシェアする際に、D子さん（40

代・パート）は開口一番、**「私、人間じゃなかったんです」**とおっしゃいます。

「足元を見てください、って言われても、足がないんです。だって私、木だから」と真面目に言うので、みんな大爆笑です。

「着ている服を見てください、って言われても、服着てないんです。だって私、木だから」

「髪の毛を見てください、って言われても、髪の毛ないんです。だって私、木だから」

「顔を見てください、って言われても、顔がないんです。だって私、木だから」もうここまでくるとおかしすぎて、みんなお腹を抱えて笑い転げています。すごく大きな、巨木だったようです。

しかし、面白かったのはこれだけではなかったのです。次の発表へ進めたら、その中のE子さん（30代・OL）の過去生は「木こり」でした。「木」の過去生と同じ場に「木こり」の過去生！ここはツッコむしかない！と、100％冗談で、「もしかしたら、D子さんのこと、切ってたんじゃないのお〜？」とイジって、また大爆笑。

ところがここで思いがけない展開が。「木」だったD子さんが突然ボロボロ泣き始めたのです。

「ど、どうしたんですか、なんで泣いてるんですか？」とお聞きしたら、ご本人も「分かりません」と言いながら泣いています。

爆笑の渦だった会場は、シーンと静まってしまいました。私もどうしていいか分からないので、とりあえずE子さんに「謝ってください」と言ってみました。E子さんは神妙な顔でD子さんに「ごめんなさい」と謝り、初対面の二人はがっしりとハグしました。会場は不思議な感動に包まれました。

ご神木や縄文杉など、時に人間以上に知性や人徳を感じさせることがあります。人間数十回分もの寿命を保ち、人一人の人生など吹けば飛ぶくらいの時間感覚でしょう。そんな木だった体験があるとしたら、感慨深いですね。

❖野菜だった前世

他にも「植物だった前世」があります。

今まで一番可笑しかったのが、X美さん（50代・教員）がグループ体験会で見た「ブロッコリーだった前世」です。ブロッコリーですよ、ブロッコリー！初野菜です。

なんと、手足はアスパラガスだったそうです。手足があるから、歩けます。どこにいる？と聞くと「キャベツ畑」にいたそうです。野菜なのに、野菜畑にいたんだ。何をしてる？と探ると、「管理してる」そうです。野菜なのに、野菜の管理してるんだ。可笑しくて可笑しくて、シェアリングタイムは皆さん大笑いです。

しかも、無農薬野菜だそうで、虫がつくのでかゆいそうです。50代の、温厚で真面目な感じのX美さんが「かゆくって」と顔をしかめながら、足をぼりぼりかく仕草がめっちゃリアリティがありました。（注：これだけだとわかりにくいですが、よく話を聞いてみると、おそらく「野菜型の宇宙人」ではないかと推測されました。さすがにブロッコリーが歩いたり管理したりって、理解しにくいですよね。宇宙人なら納得です。）

もっと野菜っぽいというと、「海藻だった前世」がありました。

Y代さん（40代、介護職）の前世は海の中にいました。魚かな？　と思って探ると、「岩にへばりついて動かない」と言います。海藻？茶色っぽくて、地味だったそうです。「なんか、私っぽい」と妙に納得していました。

じっと動かず、ただ流れにゆらゆら流されているだけの人生？　海藻生？　を見て、今人間の自分は、行きたい場所へも行けるし、やりたいこともできる、「現状にへばりついていないで、もっと行動していい」と思えたそうです。

❖岩だった前世

さらに分からないのが「岩だった前世」です。

動物や植物ならまだ分かりますが、無機物である岩ってどういうこと？一体いつが始まりで、いつが終わりなの？　どの部分が「生」なの？　岩に意識があるの？

Ｂ男さん（60代・技術職）は聴覚障害をお持ちでした。「なぜ自分は人と違う体で生まれてきたんだろう」という疑問が、ずっと長いことあったそうです。

前世を見ると、洞窟の中にいます。赤紫色っぽい、天井も高くて広い洞窟です。自分の姿を見てもらうと、なんとその洞窟そのもの、岩でした。何をしているかというと、周りの岩は「雑談」していいます。でも、Ｂ男さんは、あまりおしゃべりが好きではなかったようです。他の岩たちが喋っていても話に加わらず、黙っているようです。お気持ちを聞くと、「ずーっと静かでいいなあ」と思っています。

そこでＢ男さんは、マイペースで自分一人の世界に浸っている方が好きな、ちょっと偏屈な自分を再認識しました。人の話が耳に入ってくるのは、彼にとってお邪魔だったのですね。

「周りの人に比べて欠けていること」だと思っていた聴覚障害が、「それが好きだから選んでいた」「本来の自分」という視点に立てた時、長年の疑問が氷解したそうです。Ｂ男さんはさかんに「ずーっと静かでいいなあ」とぶつぶつ呟きながら、嬉しそうに帰っていかれました。

❖宇宙人だった前世

「宇宙人だった前世もあるの？」という質問も、とてもよく受けます。私はＵＦＯを見たこともないし、宇宙人を見たことも会ったことも、自分が宇宙人だった記憶もなかったので、「そんな前世あるのかな？」と思っていました。

ところが、まだ個人セッションを開始して間もないある日、そんな前世に出会ってしまいます。クライアントＦ子さんは、個人セッションが始まると間もなくボロボロ泣きはじめました。泣く方は珍しくないので、通常通り落ち着いて、

「どうしましたか、なぜ泣いているんですか？」と優しくお聞きしたところ、

「帰りたい…」とすすり泣きます。

ああ、故郷を追われるとか、そういう体験かな、と思いながら

「どこへ帰りたいんですか？」と聞くと

「星へ…」とおっしゃるではないですか！（驚）星…星って、**まさか宇宙人？** 心臓はバクバクしましたが、クライアントさんの前で動揺を見せるわけにもいかず、さも当たり前のような口調で

「星ってどこですかあ？」と誘導を続けましたが、心の中は冷や汗で大変でした。これが、宇宙人の過去生の最初の出会いでした。

しかし、また同じように、宇宙から来た？と思われる前世が現れます。また、動揺と興奮を抑えながら必死で誘導をします。３人目の宇宙人前世が出てきた時やっと、「また宇宙人ね」と落ち着いて聞くことができました。


宇宙人というより、**体がない「意識体」**のこともあります。

「男性ですか、女性ですか？」「性別はありません」

「どんな服を着ていますか？」「体はありません。だから服も着ていません」

「どんな髪型ですか？」「体はありません。だから髪型もわかりません」

ここまでくると、「どんな家に住んでいますか？」とか「どんな仕事をしていますか？」などという質問も愚問だろうと分かってきて、じゃあ何を質問すればいいんだよ～と困ります。意識体前世は、とてもわかりにくいです。

そのほか、「肉体」と「意識体」の中間形態、一応体はあるんだけど半透明で、物質化したり非物質化したり、スイッチできる、というパターンもあります。

宇宙人前世はバラエティに富んでいます。

一番多いのは、**ヒューマノイド**、人間型です。見かけは人間と変わらず、服も着ており、性別もあります。服は宇宙服、ボディスーツっぽい、近未来イメージの場合と、古代ギリシャローマ風、布巻きつけ型のパターンが多いようです。

二番目に多いのは、**グレイ型**です。典型的な宇宙人イメージ、頭が大きく、手足は細く、髪はなく、目は大きくて白目がなく、目鼻口は単純で、衣服をつけていない。性別はないことが多く、テレパシーで話します。

そのほか、**タコ型**、**鳥型**なども少数ありました。見ているクライアントさんが、「ええ〜〜、触手みたいなのがたくさんあるー！たこー？」「皮膚が…湿ってベトベトしてます。気持ちわるーい！」と驚いて叫んでいたりして、面白いです。

はじめての前世療法セミナーでは、10人くらい参加者がいると、1人くらい宇宙人の過去生を報告する方がいらっしゃったりして、そうすると会場はとても盛り上がります。「今日の宇宙人担当」とお呼びしています。

❖天界前世

宇宙人過去生や妖精過去生も登場しましたが、神様っぽい過去生もありました。

私自身も、セルフで天界前世を見たことがあります。

場所は雲の上です。一面黄色とピンクがもやもや混ざり合った雲で、明るく美しい場所です。自分を見ると、女神です。長いローブのような服を着て、プラチナシルバーの長い髪。体つきはほっそりして、髪の毛も細く、顔も細く、全体に繊細で細い印象。清らかで神々しく、美人です。背中を意識すると、大きな羽がありました。天使です。

何をしているのか意識を向けると、お茶を飲んでいます。雲の上にポツンとカフェテーブルがあり、上品なカップとソーサーに紅茶が入っています。椅子も一つだけだし、相手もいません。この紅茶が、何とも言えずいい香りがするのです。かぐわしく、まさに「天界の香り」。気持ちを感じると、落ち着いて、満ち足りていて、楽しげです。どこにもネガティブな要素がありません。

これを見た時、私は少しスランプに陥っていました。お金のことや食べ物のことなど、物質的なことばかり考えてしまう自分が嫌でした。でもこの女神の天使の存在を感じた時「これが自分自身」と感じた時、感動で涙が溢れました。私たち人間は、一人一人が尊い存在です。そう言葉では理解していても、本当にはピンときていませんでした。この時初めて、人は本質的に尊いということ、現世的にはダメダメな私でも本質はこんなに素晴らしいんだということを、直感で理解しました。

龍だった前世を見る方もいます。龍は結構多いですよ。日本人は龍、好きですよね。

白い龍、緑色の龍、黒っぽい龍、七色なんていうのもありました。鱗の質感が見えたり、感じたりすることもあります。大抵大きいです。何メートル、何十メートル、何百メートルということも。「空全体を覆い尽くす」ほど巨大なこともあります。

大抵は空を飛んでいるシーンが多いです。地上を見下ろしながら、悠然と飛んでいます。龍の「気持ち」は、「見守っている」とか、「人間たちの繁栄を願っている」とかが多いです。過去生が龍だったことを見る人は、感動することが多いようです。基本的には、天界前世、神様的な存在を感じるのは、とても深い感動を味わうことが多いようです。

このような存在は、時間や空間を超えているので、「前世」と呼んでいいのかはわかりません。私は**「高次元存在」**と呼んでいます。私たちは、人間や動物や宇宙人だったこともありますが、同時に「高次元存在」であったこともあるんだなあ、と思っています。

❖布だった前世

今までで遭遇した、最も驚きの過去生。

それは**「布」だった記憶**です。何のこっちゃ。

Y子さん（50代・主婦）の過去生ビジョンは、宇宙から始まりました。

「宇宙空間にポンといます。浮いています。すごく暗い。星が遠くにいくつか視えます」

「人の感じではありません。」

まあ、宇宙空間だから、たぶん肉体はないんでしょう。


Y子さんは奇妙なことをいいます。

「布みたい？　です」

じ、自分が布なんですか？

「ひらひらしています。青っぽい布です。四角っぽい布きれです」

なんだか風呂敷みたいですねえ（笑）。

「麻みたいです。ちょっと厚みや重さのある生地」

色もあり、質感もあるんですねー。


布、というのはたぶん地球人の私たちの理解ではそれが近い、というだけで、おそらく実際はもっと**エネルギー的な何か**なんでしょうね。

「布」には「元いた所」があったそうです。「元いた所」は「心地よい所」「明るく楽しい場所」だったそうです。そこには「同じような仲間たち」がいたそうです。布仲間？

そこは「もうない」ことが分かっています。「元いた所」を思い出すと、「温かく懐かしい気持ち」になるそうです。「布」は、強い孤独感、焦燥感、不安感…「よるべなさ」を感じています。「帰る場所がもうない」「名前を呼ばれることもない」と。

Y子さんにとってこのビジョン体験自体、非常に衝撃的だったそうです。宇宙。布。そんな予想だにしない「自分」。そして、ものすごく寂しかったそうです。布なのに。

面白すぎます。私の前世療法の仕事の中では、伝説の一つになりました。ブログではぶっちぎりの人気記事ですね。グループ体験会などに来られたら、きっと「布のY子です」と自己紹介されると思います（笑）。

❖五角形だった前世

動物や宇宙人の前世に驚いている場合ではありません。一番理解不能なのが「図形だった前世」です。

だいぶ以前に、グループ体験会で「三角形」だった前世が報告されました。肉体もなく、感情もなく、ただ「ある」といった感覚の一種です。意味不明すぎて面白かったので記録していましたが、13年を経て、なんと「五角形」だった前世が登場しました。２例目の図形前世です。

P子さん（50代・自営業）が見た（感じた）過去生？の自分は、五角形の「多面体」でした。もやもやした背景の中に浮かんでおり、自分は止まっているけど、周りは流れるように動いていたそうです。真ん中に核？があったようです。

最初、全ての面が五角形の「正多面体」かな？と予測して、「正十二面体ですか？」とお聞きしたら、違うようです。手書きのスケッチを送ってくださいました。五角形が３つ重なって、間は台形です。いろいろググって調べてみたもですが、ネーミングがあるような立体は見つけられませんでした。

抽象的な「図形」というよりは、「結晶」のような感覚だったそうです。単純で、無機質で、原始的な感じだったそうです。私が特殊なエネルギーを感じさせる「マカバ」を予測したことに対し「そんなご立派なモンじゃなくてすいません」的な居心地の悪さを感じたそうです。図形なのに居心地悪いんだ（笑）。

しかしまあ、いったい何のことなのかはやっぱり分かりません（笑）。

今まで見聞きした中で、一番わけわからない過去生（？）であることは確かです。

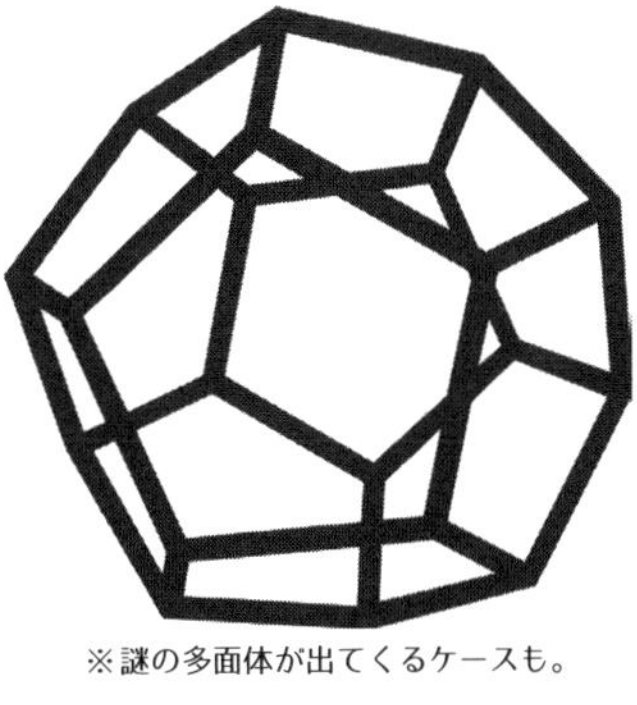

※謎の多面体が出てくるケースも。

❖ここ見たことある

ある場所に行ったり、ある場面を見たりした時に、「知っている」という感覚を持つ人がいます。**デジャヴュ（既視感）**という現象です。

前世を「知っている」「覚えている」という感覚を経験する人がたくさんいることがわかりました。

前世療法の中で見えたビジョンが、リアルな場所を見た時「ここだった！」と分かることもたくさんあります。

E彦さん（30代・営業）が見たのは、戦国時代の侍でした。「武将」というほど偉くない。装備は簡単で、下っ端の侍を10人くらい束ねている「係長くらい」「管理職」レベルだったそうです。場所は広々した河原。合戦場《かっせんば》のようです。「やぐらが見えます」場所は「関ヶ原」と出てきました。

E彦さんは「見える」タイプだったようなので、見えた風景にとても強い印象を持ったようでした。そして、名古屋に出張があった時、土日に延泊して関ヶ原の合戦場を見に行ったそうです。「やぐら」があった場所の風景が、ご自分が見たものそのものだったと、驚いてご報告くださいました。

F夫さん（50代・技術職）が見たのは、アイヌ？の男性でした。髭が生えて背が高く、釣竿《つりざお》？

銛《もり》？　細長い棒を持って、氷の海で魚を獲っています。「見たことのないような、変な道具なんですよ。ひも？　釣り糸？　のようなものがついています」説明が難しそうです。

独身のF夫さんは、有給休暇を取って、網走まで、見えた風景を確かめに行ったそうです。レンタカーで走りながら、「このカーブから、この方向で見下ろした海の感じが似ている」というポイントを発見したそうです。

驚いたことが起こったのは、近くにあったのでついでに寄った「北方民族博物館」です。そこで「昔の人の生活」が人形を使って展示されているコーナーを見つけた時、F夫さんは驚愕しました。「これ何だろう？」と不思議に思っていた、「漁をする道具」そっくりなものがあったからです。興奮気味に写メを送ってきて、「根本さん、これですよ、俺が見た変なものは！」とご報告くださいました。

E彦さんもF夫さんも男性。普通の会社員なのに、片や出張のついで、片や有給消化、交通費や宿泊費もかかったでしょうに、物好…じゃなかった、研究熱心ですね。男性の方には「本当だったか確かめたい」メンタリティがあるような気がします。

❖行きたいではなくて帰りたい

特定の場所、特別に「好き」な感覚、**「行きたい」ではなく「帰りたい」**という感覚を持つ現象があります。

私自身は、初めて沖縄に行った時にそれを感じました。20代半ばに、人気の観光地の一つとして、それほど深く考えずに訪れた沖縄。那覇空港に着いて、ほどなく青い海の海辺を車で走って、たちまち虜《とりこ》になり、帰りの空港では胸締め付けられる切ない気持ちになりました。

その時、「また絶対またいつかここに来たい。いや、ここへ帰りたい」と思いました。たった一回、数日間の滞在で、それ以前にほとんど興味も縁もなかったのにです。

ところが、この現象は、しばしば見られる珍しくないことだと気付きました。**特定の国や文化がとても好き。**暇とお金さえあれば訪れる。何度も、定期的に訪れる。そんな人はたくさんいます。

どうしてもチェコスロバキアが好きな友人がいました。会社勤めの傍らチェコ語を習い、チェコを訪れ、とうとう仕事を辞めてチェコに留学してしまいました。将来はチェコに永住するんじゃないかという勢いです。

私の尊敬する仏教の師匠は、チベットが大好きで年に一回はチベットへ。チベット語も堪能《たんのう》になり、知り合いも増え。彼はやはり、チベットへは「行くのではなく、帰る」んだと言っていました。

この「帰りたい」感情は何でしょう？　深い所属の感覚。自分の基底（ベース）にある感覚。前世療法をすると、だいたいはそこにいた前世が出てきます。その土地が好きで、懐かしい感覚が出てきます。私たちは、**肉体のふるさと**と、**魂のふるさと**と、両方を持っているのかもしれません。

❖テレビや映画で見せられる

その時見たものが、後から分かることがあります。

M子さん（40代・非常勤職員）は、古い時代の洞窟、遺跡？　のようなシーンを見ます。「山の上の方です。空気は乾いてる。目の前に壁？　があります。何かいろいろ模様か絵？　が描いてある」説明は難しいようですが、視覚的に見えているようです。今まで見たことがあるもので、思い当たるものや似ているものがあるか聞いてみたのですが、「見たことがない」とのこと。古い時代、カラフルな民族衣装、浅黒くアジアっぽい顔立ち、時代や国は不明のままセッションは終わりました。

ところが、後日M子さんとお会いする機会に、「恵理子さん、**あの壁画、どこだか分かりましたよ！**　マチュピチュだった！」と興奮気味に教えてくれました。

セッションから１週間ほどしたある日、M子さんが何となくTVを見ていたら、ニュースでペルー

の地震のニュースがやっていました。その際に、マチュピチュの遺跡もちょっとだけ映ったそうです。その時、
「あっ、これは私が見たものと同じ！」とびっくりしたそうです。

先に前世療法で見たビジョンが、国や時代が不明だったけれども、**「たまたま」見たテレビ、映画、ポスター、ネットの映像などで「答え合わせ」**がされてびっくり、というケースがあります。タイミングも、数日後や１週間後など直後ということが多いようです。シンクロです。不思議ですね。

❖知らない外国語が出てくる／路地まで歩ける

「異言」といって、**自分が知らないはずの言語を話す**、という現象があります。世界でも数例しか報告がない、稀な現象ですが、前世があったことの証拠ではないかと考えられます。これはなかなか他に説明が難しいですね。

残念ながら私のお会いしたクライアントさんにはそのような例はありませんでしたが、**知らない単語が浮かんだ**、というご報告はちらちらあります。

夢の中で光に包まれ「フォース」という単語が浮かんだが、調べて見たらギリシャ語で「光」という意味だった。
フランス人男性の前世を見て、名前が「アンジュ」と出て来て、「天使の加護を受けている」ビジョンが続いたが、フランス語で「天使（英語で言えばエンジェルですね）」だということがわかった。

古代ローマの軍人で、キリストの影響を受けて晩年は布教活動に身を投じた人物を見て、名前が「アギト」と出て来たが、調べたら「挑戦」とか「覚醒」という意味だった。受け取った本人は「知らない外国語」「耳慣れない単語」「その国にそういう言葉があるかどうかも知らなかった」ものが、関連したビジョンとともに出て来た例があります。

私自身は、古代の中東で「一家のお父さん」であるおっさんを見た際に、出て来た名前が「サブジ」。実はインド料理にサブジというおかずがあるのを知っていたので「記憶が混線したかな？」と思っていたら、ブログにアラビア半島在住の方からコメントがあり「サウジという単語は、おやじさんとか旦那という意味ですよ」と教えていただきました。サブジじゃなくてサウジだったとしたら、呼ばれている呼び名だったのかもしれませんね。
（現世の）私はアラブ語の単語を何一つ知りませんので、驚きでした。

前世を「記憶している」例としてもっと驚きなのは、「(現世では)**初めて訪れた町で、道が分かっていた**」ケースです。

トルコが好きで好きで、トルコに行き、トルコ関連の貿易の仕事を始めてしまったK香さん(50代・自営業)。

初めて訪れたトルコのある都市で「ここ、いたことある!」と強烈なデジャブを感じます。「ここを曲がるとこうなって、この先はこうなって…」と進む前からその先が分かり、浮かんだ通りの風景が展開されるのに驚いたそうです。

この**「知らないはずのことを知っている」**ケースは、単に場所に対して「なんとなく」特有の感覚、強い感情が湧くという以上に、「そこにいた」感が強いのです。

❖韓国古民家で感じた切ない気持ち

私自身にも、**場所で感じた「不思議な気持ち」の体験**があります。

住んでいる横浜市鶴見区には三ツ池公園という大きな県立公園があって、池や遊歩道、休憩所や子供向けの遊具などがあって、市民の憩いの場になっています。「日本の桜百選」にも選ばれた、桜の名所でもあります。

その中に「コリア庭園」という、韓国の古民家を移築、再現した場所があります。鶴見区や、お隣の川崎市川崎区は、韓国人街や朝鮮学校などもある昔から韓国人の多い地域なので、きっと由来があるのでしょう。

ちなみに、鶴見川崎近辺は美味しい焼肉屋さんや本格的なキムチ屋さんがいろいろあって、嬉しい限りです。

私は韓国も大好きだし、韓国人過去生もいくつか見ているので、「何か感じないかな」と実験してみたことがあります。

韓国の古民家は、木造で全体的に茶色いイメージ。大きな屋根は基本的に日本の昔の農家に似ていました。窓の桟《さん》や扉などは、お寺に似ており、半分日本的、半分異国な感じでミックスしています。軒先には飾りがぶら下がっており、庭には東屋《あずまや》があり、北側には地面に大きな甕《かめ》がたくさん埋まっています。

部屋の雰囲気や、家具調度、壁にかけられている衣服などを見て回りました。

すると、どうも、寝室に入ると**胸がざわざわするような気がする**のです。日本と違って、「寝台」がありますす。畳2枚分くらいの正方形で、枠があり、形状はプロレスのリングみたい。きれいに塗られ、細工も施してあります。布団は敷いてありません。

そこに来ると、悲しいような、切ないような、微《かす》かな感覚があるような気がする。どちらかというと、いい感情ではないのですが、不快な感覚ではありません。何か、「大事な感じ」がしました。

書斎、客間など、いくつかの部屋を行き来して、感覚の違いを確かめてみました。部屋を出たり入ったり、家具に近づいたり離れたり。実験してみました。

するとやはりどうしても、寝室、特に寝台のあたりに、気持ちが揺れる感覚があるのです。

しかもそれがどうも、今の自分と分離しているような気もするのです。「中の人」とか「後ろの人」が感じているような。なぜかというと、その寝台を見てそんな感情を持つ理由がわかりません。だって家具です(笑)。よくできてるなとか、上品だなとか、そういう感想は持つけど、なぜ切ない感情を感じる自分と、それを観察してる自分がいるのか？　観察してる自分は、不思議な感じ、面白がってる感じです。

号泣するとか、ありありと感情が蘇るとかではありませんでしたが、「こんな感じ」もあるんだ、というのが分かってとても面白い体験でした。

コラム 5

現代物理学の宇宙観とスピリチュアリティ

（千田要一：精神科医、医学博士、HSC理事長）

ところで、「あの世」とか「前世」はどこにあるのでしょうか？

現代物理学の宇宙観では、「もの」やその変転の全てが観察できうるという概念はすでに時代錯誤なのです。科学進歩すればするほど、科学が対象にする「もの」や、「もの」を支配する法則は人間の常識を越えた、つまり「超常現象」になるという認識が徐々に普及してきました。

●ニュートン―ヘルムホルツ理論・・・17世紀末にニュートンが発想し、19世紀始めにヘルムホルツが本格的に体系化した理論で、物体と物体はぶつかり合うことが不可能であり、物体の動きや相互作用はすべて引力と斥力によると考えます。重力、磁力、電磁力などがこの理論の基礎となり20世紀初期まで大きな影響力を持ちました。

●アインシュタイン理論（相対性理論）・・・20世紀前半の理論で、アインシュタインの功績は、デカルトの物体に基づく理論やヘルムホルツのエネルギー理論を捨て、全現象を「場」の位置関係によって説明できると証明したからです。彼は究極的にはすべての場に位置関係を持つ統一された一つの原則によって、万物は説明できると信じていました。

●ハイゼンベルク―フォンノイマン理論（不確定性原理）・・・第二次世界大戦後発達した20世紀後半以降の理論で、宇宙の根源にある要素は客観的な研究が不可能な素粒子であるとしました。素粒子が研究できないのは、物体やエネルギーの動作そのものが確立で表示できないからと証明したからです。

このように各段階において、科学者たちは全宇宙の現象を特定のパラダイムで統一的に解釈してきたのが、次の段階に移行するために、古い段階のパラダイムを否定し、そこから脱皮してきたという歴史が繰り返されてきたのです。

特に、ハイゼンベルクの不確定性理論は、科学という学問を大きく揺るがしました。彼自身、理論物理学は「目に見えない生命力のような存在を否定できない」段階に至っていると語っているのです。

さらに、最新の物理学研究では、この三次元の空間と時間以外に、まったく別の次元に空間と時間が存在しうるとさえ考えられています。

たとえば2008年にノーベル物理学賞を受賞した南部陽一郎博士の超弦理論（超ひも理論）では、26次元を想定して理論構築されており、多次元世界観は少なくとも理論物理学では認められているのです。

以上のように「現代物理学の宇宙観」から見れば、スピリチュアリティは超常的で例外なものではなく、理論的に存在しうることが分かるでしょう。

出典：『現世療法』クラブハウス刊行より

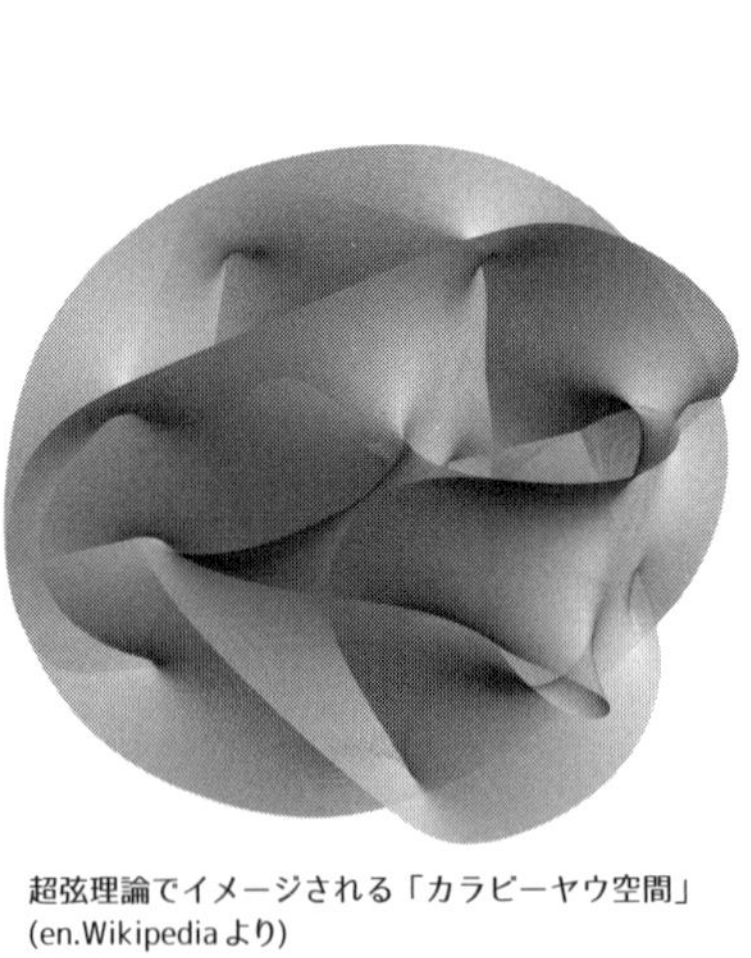
超弦理論でイメージされる「カラビーヤウ空間」
(en.Wikipediaより)

第５章
心の病と前世療法

❖前世療法で心を解放する

私の行なっている前世療法は、医療行為ではありません。しかし、心を病む寸前、あるいはかつて心を病んだことのある方々にはたくさんお会いしてきました。病気とまではいかないけれど苦しんでいる人は、病気にまで至った人の何倍もいます。

※(心の病で治療中の方には、基本的に催眠療法は行いません。7章、10章参照)

心の病は、怪我や感染症のように、「薬をつければよくなる」というものではありません。見える原因には見える対策を取ればいいけれど、見えない原因には見える対策だけでは不十分です。**「心のあり方」が心の病の根底にある**ことは間違いありません。心のあり方を変えない限り、心の病は本当の意味ではよくならないし、また繰り返す。ところがこの「心のあり方を変える」というのはラクダが針の穴を通るくらい難しいのです。

なぜか。それは私たちが通常「顕在意識」にしかアプローチできないからです。私たちがコントロールできていると思っている自分は、**自分自身のほんの一部**です。そこをいくら変えても、残りの部分が手つかずだったら、何も変わらないのです。

うつ、神経症、パニック障害、摂食障害などの既往症をお持ちの方々とたくさんお会いして気づいたのは、そのような方々に共通して見られるのは「顕在意識でがんじがらめ」になっているということでした。「ねばならぬ」という規範意識、「ああしなければよかった」という後悔、「こうなったのはあれのせいだ」という強い思い込み、「こうなったらどうしよう」という不安、心配、恐れ。それらは全て「考えている」状態から起こっています。

ところが、前世療法は、その顕在意識の縛りを外します。普段隠れて見えない潜在意識の働きを解放してあげ、潜在意識の声の方を認めてあげること、です。この**「考えないで感じる」という解放**は計り知れないほど大きいものがあります。

また、心の病の背景の一つに、「**視野狭窄**《しやきょうさく》」という状態があります。物事をいろいろな角度から見る余裕が失われ、**一つの思いに囚われる負のスパイラル**に入る状態です。自殺の直前の心理状態がそうだと言われます。

視野狭窄の反対の状態は、「**俯瞰**《ふかん》」です。離れて見る、違う角度から見る。客観視とも言います。本当に辛い時、俯瞰も客観視もできなくなります。今の自分を離れて見るということが、とても難しくなります。

前世療法では違う自分、違う状況、違う出来事を体験します。被害者だった自分が加害者になっていたり、男が女になったり、別れた人と結ばれていたり、ありえないような大きな幸せや不幸を味わったりします。どんなに頑張ってもなかなかできなかった「今の自分自身を離れる」というこ

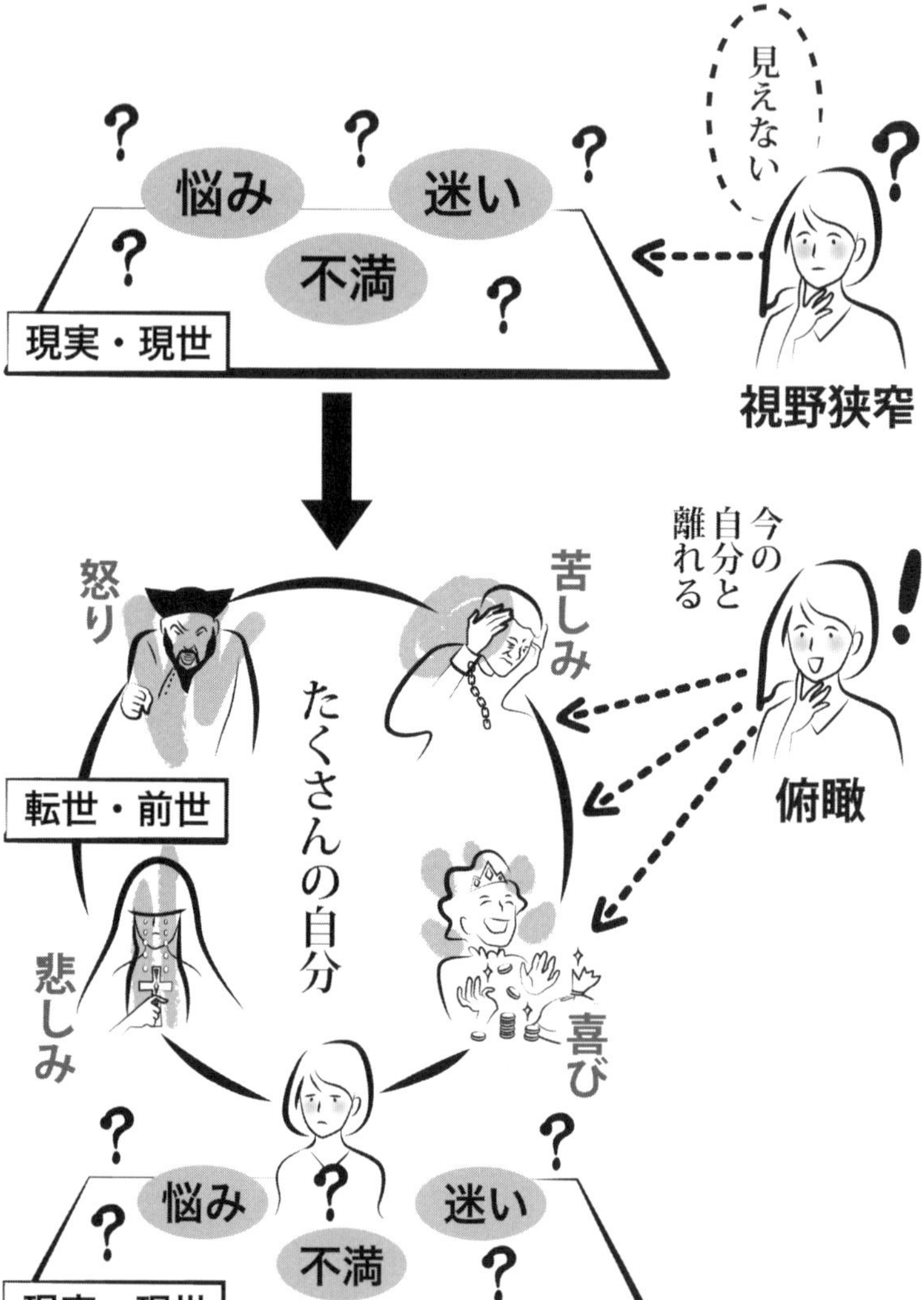
見えない
悩み
迷い
不満
現実・現世
視野狭窄
今の自分と離れる
苦しみ
怒り
俯瞰
たくさんの自分
転世・前世
悲しみ
喜び
悩み
迷い
不満
現実・現世

今の自分はほんの一部！

とが「前世を見る」ということを通してできるのです。

よく「Ａでしょうか、Ｂでしょうか。自分では分からなくなってしまったので前世療法を受けにきました」という方がいらっしゃいます。ところが多いのは、「Ｃですよ」という答えです。クライアントさんはびっくりして目を白黒させます。ＡでもないＢでもない、思いもつかない答え。**ＡとＢは同じ平面にあります。ところがＣはそのどちらでもない、平面から飛び出した空中にあります。**そんなパターンがとても多いのです。

たとえば「Ａという会社に転職した方がいいのか、Ｂという今の会社にとどまったらいいのか」と自分の本音を探りに来た方が、「それより家族が大事でしょう」などという答えを受け取ったりします。このような**第三の視点**を取ることが、私たちの心をずっと自由にし、楽にすることができます。

❖前世療法で体が緩む

心ががんじがらめの方は、**体も硬直してがんじがらめ**な傾向があります。体のコリがひどかったり、冷え性だったりする方がとても多いです。

ところが、前世療法でこの「解放」を味わうと、体感を伴うこともあります。「体が軽くなりました」

「体が温かくなりました」と驚いたように報告される方もいます。まるで整体ですね（笑）。

中には「ぽかぽかしてきました」とか「暑いくらいです。暑い、暑い」とさかんにおっしゃる方もいました。太ももから足先に向けて、じんじんした感じが広がって行った、という感覚の方もいらっしゃいました。「背中からふわーっと包まれるように温かくなった」とおっしゃった方もいました。体感も前世同様バラエティに富んでいます。
※体感には個人差があり、誰にでも必ず起こるとは限りません。

また、**前世療法を受けた当日は、よく眠れた**というご報告が多いです。眠くて眠くて早く寝てしまったとか、普段寝つきが悪いのにぐっすり眠れたとか、驚くほどたくさん眠ったとか、そのような事後報告は枚挙《まいきょ》にいとまがありません。

T子さん（50代・介護職）はもう長年眠剤を飲まないと眠れない方でした。前世療法を受けたその日もいつもの習慣で眠剤を飲んだところ、翌朝目覚ましをかけても起きず、職場の人が送ったラインの着信音でも起きず、電話をしても目覚めず、大遅刻をしてしまいました。「普段は眠れなくて悩んでいるのに、信じられない」「目覚まし時計で起きなかったことなんて一度もなかった」と、ものすごく驚いてご報告をくださいました。

心の病に苦しんでいる人や予備軍の方々は、眠りの質が下がり、眠りに悩んでいる人があとを絶ちません。それは**「思考」や「緊張」と密接な関係がある**ことは明らかです。人一倍思考し、人一倍緊張して眠れなくなり、病の温床になっているわけです。

そのような心身の緊張を和らげるのに、**自律訓練法**という手法があります。体を部分部分緩めたり、温かさを感じたりイメージする方法です。前世療法における「体のリラックスと心のオープン」に他なりません。

前世療法の場合それが準備段階で、その後の「意図を向ける」に入っていくところが違うだけですね。「ちゃんとやらなくちゃ」などと真面目に思うと面白くありませんが、「こうしたら前世が見えるかも♪」と思ったら楽しそうじゃありませんか？　同じ手法でも、前世療法の方がやる気が出て続きそうです。

前世療法の最中、**トイレが近くなる**人が多いことも発見しました。

「いつもはトイレが近い方じゃないのに、こんなに近くなるなんて」と驚く方もいますし、「５回も６回も行くなんてスミマセン」と恐縮する方もいます。でも私は、「ヨシヨシ、いい感じで催眠に入っているんだな」と逆に嬉しく感じるくらいです。

スピリチュアル的な解釈をすると「浄化が始まっていますね」と言ったりもするのですが、生理学的に言えば**交感神経優位（緊張）から副交感神経優位（リラックス）**に変わった、という説明になります。

心の病の多くは、交感神経の暴走にあります。常に緊張、常に戦闘態勢。

催眠状態は、副交感神経優位の状態に持っていき、交感神経と副交感神経（その二つを合わせて自律神経）の**バランスを「意図して」コントロールする**ことなのです。

❖前世療法は「本来の自分」の回復

前世療法をすることによって「がんじがらめの思考から解放される」「物事を俯瞰《ふかん》して見ることができる」「体が緩む」というメリットをお話ししましたが、その究極が「本来の自分を取り戻す」ということです。

心の病に共通する根本的な原因は、この「本来の自分からの乖離《かいり》」だと私は思っています。

本来の自分って何でしょうか？

多くの人は、自分が分っている自分だけを、本当の自分だと思い込んでいます。「自分の思う通りに生きればいいんだよ」「前世？　見る必要ないよ。今の自分で十分！」という言葉をよく聞きます。そこには、**自分のことは自分でわかっているという「錯覚」**があります。千名を超える方々の蓋を開ける現場に立ち会って、「自分の把握している自分は本の一部」だということがよくわかりました。

「思う」通りの「思う」が曲者《くせもの》なのです。それを「自分」だと思い込んでいますが、その「思う」の中に余分なものが紛れ込んでいます。

この「自覚がない」現象を「潜在している」ととらえます。ボケた人が「わしはボケとらん！」という笑い話のようなもので、本人がわからないだけです。

ある「幸福の定義」によると幸福とは「思っていること、言っていること、していることが一致していること」だそうです。

現代日本人は、これらがバラバラの人がとても多い。それどころか、それらが正反対の状態でずっと生きているクライアントさんにたくさんいます。日本人の幸福度が低いのも頷《うなず》けますね。

私が前世療法を通して気づいたことは、この幸福の定義を真似して言えば「顕在意識と潜在意識が一致していること」です。９割以上の人は、潜在意識があることも、顕在意識からずれていることも気づいていません。時には180度ずれています。

それが蓄積していくとさまざまな病となって噴出します。体の病として出る人もいるし、心の病という形をとる人もいます。

前世療法が終わった後、まったく表情が変わってしまった方々をたくさん見てきました。何ヶ月か後にお会いしたら別人のようになった方々もいました。周りの人から「何かあったの？　恋でもしたの？」と言われた人もいます。表情が柔らかくなり、言葉が変わります。

自分を生きていない時、表情も言葉もきつくなります。本来の自分を回復した人はとても柔和になります。**本来の自分を取り戻すと、体と心が本当の意味で健やかになります。**

コラム 6

スピリチュアリティはフィクションではない

（千田要一：精神科医、医学博士、HSC理事長）

「見えない物は信じられない」、「本当にあるなら見せてみろ！」と主張してやまない頑固者がいるのは確かです。特に生物学者や医学者でデカルト式世界観に固執する傾向があります。

たとえば養老孟司氏が言う「脳に起こることだけが存在する」とか「脳は脳のことしか知らない」などの「唯脳論」は、形を変えた「唯物論」であり、デカルト式世界観にとらわれている典型例です。また別の例では、スピリチュアリティを日本語訳する場合、「霊性」と訳さず「精神性」や「心理性」と誤訳しているケースが散見されます。

しかし、こういった**スピリチュアリティを認めない医者や学者は、世界のスタンダードではない**ことを繰り返して述べておきます。実際、国際連合の専門機関であるWHO（世界保健機関）では、その健康の定義において、①Physical health（肉体的な健康）、②Mental health（精神的な健康）、③Social health（社会的な健康）の三方面の健康に加えて、④Spiritual health（霊的な健康）が必要であると1998年WHO執行理事会で討議され、健康の定義の変更が議決され、総会で提案されています。

また精神医学では世界の標準診断基準「精神障害の分類と診断の手引き第4版修正版（DSM-IV-TR）」で、**「憑依トランス」という表現を使って、魂、力、神などのスピリチュアルな影響を認めている**のです。

このように世界の医療はスピリチュアリティを前提に治療するのが常識です。（中略）スピリチュアリティとは「霊性」とも日本語訳され、学術的には宗教性とも合わせ「スピリチュアリティ・宗教性（Spirituality/Religiosity）＝『聖なるもの（Sacred）』を求める気持ち」と定義されます。

出典：『現世療法』クラブハウス刊行より

第６章
どうして前世療法をするようになったか

◆きっかけは江原さん

「どうして前世療法をするようになったんですか?」という質問もよく受けます。私が「前世」というものに強い興味を持ち始めたのは、江原啓之さんの人気番組「オーラの泉」です。

夜、家族がTVを見ていたのをたまたま、「ホウ、これが噂の高視聴率番組か」と思って見てみたのです。それが「前世」との出会いでした。

「ええーーー、前世って何何?」

「前世ってほんとにあるの?」

「ええーーー、おもしろーい♪」

「私は?私は?ああ自分の前世も見てもらいたいっ!」

とたちまち超ハマる。ただのミーハーですね(笑)。

毎週その時間を楽しみにしてわざわざ視聴していました。

しかし、ほどなく番組は、深夜からゴールデンタイムへ移り、密やかなマニアックさがなくなり、私自身も見る気持ちが薄れ、そして番組は終了します。

しばらくは大して前世に興味を持つこともなかったのですが、またたまたまの出会いがありました。医師である萩原優先生が講師を務めるセミナーに、たまたま出席したのがきっかけです。

「前世」は関係なく、代替療法とか、自然治癒力とか、そういったテーマだったと思います。

講座の後、萩原先生のイーハトーヴ・クリニックのパンフレットが配布され目を通すと、「催眠療法(ヒプノセラピー)前世療法」という項目がありました。

これだ!私が求めていたのはこれだ!受けたい!!

講演を聞いて、知性と理性があり、とてもハートフルで真心がある方だと信頼できました。その場で申し込みをして、その10日後に「前世療法」を受けることになったのです。

◆心理学者を目指して東大へ

よく、「どうして東大に行こうと思ったんですか？」と聞かれます。答えはシンプルです。「心理学者になりたかったから」です。

小学校5年生、11歳の時に初恋を体験します。私がハマったのは占いです。

女の子たちの間で流行っていた「マイバースデー」という星占い（西洋占星術）の雑誌を読みあさるようになりました。

ところが、理屈っぽい私は、占いに夢中になりながらも「これには根拠がないのではないか？」という思いが頭をもたげます。好きな男の子との相性を本で見て分析したり、今日の運勢を気にしたりしつつも、心からそれを本当だと思えないジレンマを抱えます。

そんな時に、心理学という学問があるということを知るようになり頭脳派の私（笑）はシビれました。実験で確かめるという手法が気に入りました。

でも一方で恋する私の悩みは解決されていない。心理学があったって、役に立ってないじゃないか。心の悩みなんて、解決してないじゃないか。

占いは証明できない。心理学は実用化されていない。では私が学者になって、探ろう。探って、人生に実用化できるようにしよう。

ロケットを月に飛ばすことができても。世界の裏側にいる人とでも会話ができても。心のことはまだ分かっていない。恋する女の子の悩みを解消することはできていない。やることはまだ沢山ある。ならば私がやろう。初恋をきっかけに（笑）小学校6年生、12歳で「心理学者になろう」と決心し、日本で一番の「学者製造所」東京大学を目指すことにしました。今思うと、心理学を目指した動機は「モテなかったから」ですね（笑）。

当時はバブル期で、男女とも成功願望やブランド主義がはびこっていましたが、「いい会社に入る」とか「お金持ちになる」とか「箔がある」とか、そういう発想は私にはほとんどありませんでした。

「私の求める将来はこの先にしかない」という野望で、ギラギラ?していた十代だったのです。

◆東大の落ちこぼれ

「心のことを解き明かしたい！」

「心の法則を研究したい！」

という熱烈な情熱の下、一浪の末東京大学文科三類（文学・社会学系）へ入学します。

しかしながら、青春を賭けて、念願叶って入学した私は、堕落してしまいます。

するはずだった勉強を正直、全然しませんでした。典型的な燃え尽き症候群だったのかもしれません。時はバブル絶頂期。遊ばなければ損、遊ばなければ馬鹿、というような時代の空気感があり、私は流されました。生きている手応えを、享楽で埋めていたのです。

進むことになった心理学科は、主に「記憶」や「学習」を研究していました。その頃花盛りになっていた人工知能の研究などとも繋がる、それ自体は価値ある学問なのですが、私の目的とは違っています。

学部でネズミを飼っていて、迷路を覚えさせる実験実習などがありました。ネズミの世話は可愛かったですけど（笑）、私が知りたいのは「人間関係、人生の生き方の法則！」と違和感を覚えて悶々としていました。

一方で、社会心理学科の授業もいろいろ取りましたが、正直、「実験」中心の手法や発想に、最後まで馴染めませんでした。今思うとこの頃しっかり基本を学べばよかったんですよね。ＤＡＩＧＯさんの活躍を見るにつけそう思います。

成績も振るわず、学校にもあまり行かず、先生に相談することもなく、大学で私は孤独でした。正直、学科の中の厄介者になっていたように思います。

「心理学者になりたい」という思いだけは残り、就職はせず、東京大学の社会心理学科の大学院を2回受験しますが、落ちます。当然ですよね。

私は「何をしたいか分からない」「何一つ勉強してこなかった」学生になっていたのです。

浪人、留年、就職浪人、と迷走を重ねて、私は24歳になっていました。完全な「東大の落ちこぼれ」になっていました。

大学院も落ち続け、親元にいつまでもぶら下がっているわけにもいかなくなり、就職せざるをえなくなりました。

◆腰かけ公務員を辞めるまで

憧れていた心理学の世界に自分の居場所を見い出せなかった私は、「心を扱う研究をするなら、医学部の精神医学科がある。医学部再受験して精神科医になれば、夢は実現できる。働いて、お金を貯めて、医学部へ行こう」と心ひそかに決意します。いわゆる社会人入試という道です。

そんな野望を背景に私が選んだ仕事は地方公務員でした。「有給休暇も取れ、仕事をしながら勉強をするのにいいだろう」という自己中心的な動機です。

今思うと、こういう生き方をしてはいけませんね。人生「腰かけ」で仕事をしてはいけません。仕事というのは、自分自身を磨き、人に貢献していく場です。将来選びたい道に直結しない仕事はしてはいけないと思います。でも、私はそんな道を選んでしまいました。

その間に、普通の男性と普通に結婚し、双子が生まれて、嵐のような子育てをしているうちに10年が過ぎてしまいました。フルタイムで共働きでしたが、出費も多くて、なかなかお金は貯まりませんでした。自分のために勉強する時間も取っていませんでした。

「心の専門家になる」という夢は、どんどん遠ざかっていきました。

30代半ばになっていました。

◆医学部受験して挫折

それでも私は諦めませんでした。

子供に手がかからなくなったら勉強ができると信じて、公務員を辞めました。夫にも親族にも、身近な人には大反対されましたが、「医者になれば、かけた時間や学費は取り戻せる」と説得しました。

子供たちは小学生になり、形の上では「専業主婦」になりながら、夫の脛をかじって生活し、3年間受験をして、3回落ちました。「過去の栄光」は通用しなかったのです。

これ以上頑張っても医学部へは行けない…と諦めた春、コンビニでチューハイを買って近所の公園で一人お花見をしました。きれいな桜、青い空、自由な時間。最高…の気持ちになれるかと思ったら、ふと「私、いったい何やってるんだろう?」と涙がこぼれてきて、満開の桜の下で、一人泣きました。

今思うと、「あんな自分では受からないよなあ」と分かるのですが、当時はただ「夢に向けて必死」でした。安定した仕事も捨て。希望の道へも進めず。同世代の友人たちは着々と「中堅」になっていく中、私はスタートにすら立てていない。これを「迷走」と言いますね。

気づいたら30代後半になっていました。

◆東洋医学を目指して挫折

三十代後半にして、仕事も、目標もなくなってしまった私は文字通り「道を失って」いました。「絶対元を取るから！」と反対を押し切って説得した手前、夫との関係も気まずくなってしまいました。

小学校のＰＴＡ活動などをしながらあてどなく毎日を暮していると、ある日、書店で何となく立ち読みをしていた時に、「東洋医学」の本に出合い、「これだ！私が求めていたものはこれだ！」と直感します。

東洋医学は、体と心を切り離さない。心に苦しみや迷いがある人は、それが必ず体にも表れる。心と体を一体として解決するのが私の仕事だ。この道を仕事にしよう、と決めました。

本格的に東洋医学を学べる所を探して、中国人の先生が教えるコースをとりました。

学校に通いながら鍼灸整体と漢方のお店で求人があるのを見つけ、事務アルバイトという形で就職します。働きながら、実践的な勉強をしていきたいと思ったのです。

その間に試験を受けて「国際中医師Ａ級」も取得しました。国によっては医師と同等の開業もできる資格です。日本で医師になれなかった私にとってはリベンジでした。

お店は人気があって、お客さんも増えて、売り上げも上がって順調な発展かと思われました。

ところが、急速に店舗展開をしたために資金繰りが苦しくなり、突然クビを宣告されました。一番高いのは人件費です。私が、削られました。薬剤師さんや鍼灸師さんは国家資格者で、削れません。解雇する対象は私なのです。

目の前が真っ暗になって、打ちのめされました。今度こそ・・・今度こそ順調に行くと思ったのに。国家資格がない自分が否定されたようなショックで、頑張っても無駄なんだ。何をやってもうまくいかないんだ。心が折れてしまいました。

私は40歳を超えていました。

◆自分の人生を変えたい

心理学者になるために東大を目指して大学院に行けず（20代）。医者になるために医学部受験して合格できず（30代）。最後の一手だと信じた東洋医学を学んで、生かした仕事をしようとして漢方薬局をクビ（40代）。

まるでホップ、ステップ、ジャンプ。何でぜんぶダメなのか。一体私は何をやってるのか。私の人生何なのか。自分の学習能力のなさに涙が出ます。

同世代の友人たちは着々とキャリアを積んで中堅になっていく中、私は職もなく、何も身につけず、ハタチの若僧以下です。

「心の謎を解き明かしたい」なんて言って目指してたくせに、自分の心がどうかなりそうじゃないか。謎を解いて人間の幸せに貢献したかったのに、自分の人生がぜんぜん幸せになってないじゃないか！

私は少し（だいぶ？）ヤケになっていました。

クビになってしまい、ぽっかり時間ができました。失業保険が下りて、少しばかりお金がありました。

「自分を変える」「人生を変える」ことができそうなことなら、何でもいいから片っ端からやってみようと思いました。

滝行に行ってみました。

断食合宿に行ってみました。

身の上相談のお坊さんの所へ行きました。

本の著者の講演会などへ行きました。占い師、霊能者と言われる人に片っ端から視てもらいました。

今まで散々、あれがいい、これがいいと選んできたものがことごとく崩壊したのです。もう何でもよかったのです。

◆そして前世療法をはじめました

そして、江原さんマイブームで気になっていた前世。前世を見て何かが解決するとは全然思っていなかったけど、たまたま出会いがあったので、失業保険を握りしめて（笑）、前世療法を受けに行ったのです。

それが私の人生を変えてしまうとは、その時は予想だにしませんでした。

初めて受けた前世療法は、それはそれはびっくりしたのです。いわゆる「見えた」体験ゼロだった私に前世が「見えた」んです。

場所が見えて、人物が見えて、出来事が見えました。名前もわかり、亡くなる体験も見ました。（それまで信じたことも考えたこともなかった）守護霊も出てきました。メッセージも受けとりました。未来の自分も見に行きました。

感動や発見もたくさんあって、盛りだくさんでした。濃い3時間でした。頭を板切れでブン殴られたようなカルチャー・ショックでした。

しかし驚きだったのは、前世療法を受けた当日だけではありませんでした。

前世療法を初めて受けた後、「セルフで見る」…誘導を受けずに、自分で心の中で前世を追って見る、ということを試みたら、できたのです（驚）。次の日も、また次の日も…毎日見ることができるのです。

面白いので毎日毎日試みて、一ヶ月ほど経った時にふと「これってなんだろう？」「前世が見えるって、どういうことだろう？」と不思議になって、ヒプノセラピーを学んでみようか、という思いが湧いてきました。

学んだ後は、友達に声をかけて無料で練習台になってもらい、ドキドキしながら練習してみました。すると、私の誘導でちゃんと前世が出てきます（驚）。来ても、来ても、皆前世が見えます。30人ぐらい連続で、全員前世を見ることができました。それどころか、涙を流して感動する人が続出しました。

だんだん面白くなってきました。もしかして私、得意なのかな？　と思えてきました。

その頃、次の仕事として整体師を考えていて、整体のサロンを準備していたのですが、そこで前世療法もやってみようと、おっかなびっくりメニューに加えてみました。

自信がないので、安価なモニター料金で始めました。お客さんは続々と来ました。そのうち場所を借りてサロンをオープンし、家賃分少し料金を上げました。

整体のお客さんは来なくて、やがて、前世療法のお客さんばかりになりました。勇気を出して、正規料金にしてみましたが、お客さんは増え続けました。

「セルフ」…前世を自分で見る、ということに特化したセミナーを開いたところ、人気になりました。

気がついたら、「心の法則を実用化して個人の幸福を形作る」という仕事になっていました。

自分が「意図」して、計画して、なろうと思ったものは全てうまくいかなくて、導かれたように至ったここに「やりたかったこと」ができています。

そして、今、なんと、本まで書いています。とっても不思議です。

コラム７

「神を見た！」スピリチュアリティの脳科学研究

（千田要一：精神科医、医学博士、ＨＳＣ理事長）

最近の脳の研究では「ゴッド・スポット」と呼ばれる場所まで知られつつあります。

ヴィラヤヌ・ラマチャンドランらの研究チーム（カリフォルニア大学）によって脳のある部位に「ゴッド・スポット」があることが明らかにされました（『脳のなかの幽霊』角川書店）。

それが脳の側頭葉の神経接合部のなかにあったのです。脳波計でスキャンすると、**話題がスピリチュアルなものになるたびに、モニター上で被検者の脳神経のこの部位が活性化**したのです。このような側頭葉の活動は、長年の間、てんかん患者や幻覚剤（ＬＳＤなど）を摂取した人の神秘的な幻想と結び付けられてきました。彼らの研究は、この活動が正常な人間でも起きることを初めて示したものです。

どんな話題に反応するかは文化によって異なると言いますが、西洋人は「神」という言葉に反応し、仏教やその他の宗教を持つ人々はその宗教の意味のあるシンボルに反応しました。

さらに興味深いのは、マイケル・パーシンガー（ローレンシア大学）によるＴＭＳ（Transcranial Magnetic Stimulation：頭蓋磁気刺激療法）を用いた研究です（ダナー・ゾーハー＆イアン・マーシャル『ＳＱ魂の知能指数』徳間書店）。ＴＭＳは脳の近くへコイルを持って行きコイルに大きい電流を流し、それにより生じた磁場を通して脳内の神経細胞の活動を刺激します。この装置を使うと大脳皮質の運動野のさまざまな部位を刺激すれば、一定の筋肉が痙攣したり、動かそうと思わなくても手足が動いたりします。大脳皮質の視覚野が刺激されれば生まれつき目の見えない人でも見えるとはどういうことなのかさえ体験できるのです。

この原理でパーシンガーは**被検者にＴＭＳで脳側頭葉を刺激したところ、なんと彼には神が見えた**のでした。こういった研究データからパーシンガーは、「ゴッド・スポットには、宗教関連のことを専門に扱う神経の機構があるかもしれない。信仰という現象は、後天的にプログラムされたものではなく、先天的に脳に配線されているのかもしれない」という結論を出しています。

出典：『現世療法』クラブハウス刊行より

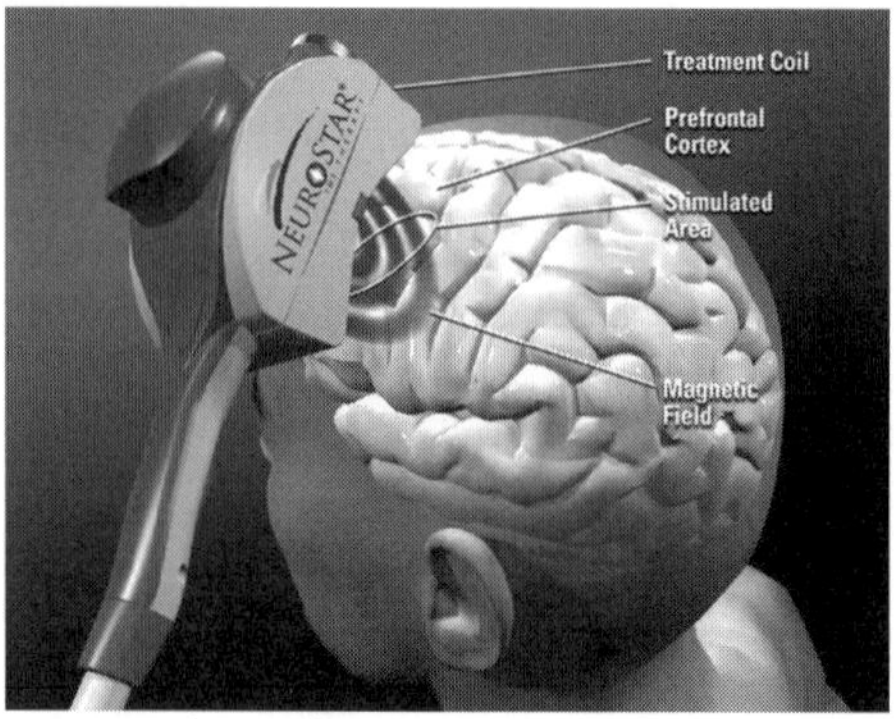

TMS によるゴッドスポット発見

第７章
セルフ前世療法「誘導音声ダウンロード版」実践ガイダンス

❖「誘導音声ダウンロード版」ガイダンス

さて、この章から、いよいよ、本書特典のセルフ前世療法「誘導音声ダウンロード版」を活用して、**セルフセラピーの実践編**に入ります。音源のダウンロードの仕方は、C章に掲載していますが、事故防止などのため、必ず本書の「注意事項」（10章）をご覧になってから使用してください。

「誘導音声」は大きく分けて3部構成になっています。

①体をリラックスさせる**準備段階**（5分11秒）
②イメージを追っていく**練習段階**（5分47秒）
③前世を見る**本番**（29分20秒）

注意事項をお伝えします。詳しくは、それぞれの章を参照してください。

①**精神疾患で治療中**の方は、お使いにならないでください。（10章）
②**妊娠中**の方は、お使いにならないでください。（10章）
③**未成年**の方は、お使いにならないでください。（10章）
④実践した後の体調管理に気をつけ、過度にやりすぎず、**日常生活とのバランス**を取ってください。（7章）

⑤感じ方は**非常に個人差が大きい**です。すぐには見えてこなくても大丈夫です。全ての方に向いているという保証はありません。気分や体調が悪くなった場合は**使用を中止**して、バランスを回復してください（７章「グラウンディング」参照）。**霊的に敏感だと自覚のある方は特に注意**してください。
⑥**運転している時**に聞かないでください。また**聞いた直後に運転**することも避けてください。
⑦**非常に心が疲れている時**、落ち込んでいる時などは、アフターの自己コントロールが難しい場合があります。セルフでやるよりも、セラピストの誘導を受けることをお勧めします。
⑧催眠に入った後でも、簡単に意識は戻って来ますので問題はありません。
⑨誘導されやすい時間帯は、「眠りに入る前」と「眠りから出たところ」がいいでしょう。
⑩そのまま寝てしまっても健康面での問題はありません。

満腹すぎると、寝落ちします。食事の直後ではない方がよいでしょう。食事は腹八分、できれば腹六分未満がお勧めです。催眠中は空腹を感じにくくなることが多いので、空腹で気が散るということはほとんどありません。

❖免責事項

催眠状態は、非常に個人差が大きいものです。大多数の方にはまったく問題ありませんが、一部の敏感な方は注意して取り扱う必要があります。「注意事項」（11章）をよくお読みになった上でお使いください。

試してみて不向きだと感じたら、使用を中止してください。この本書や誘導音源でのセルフ催眠によって引き起こされた体調不良、精神不調、事故などに対して、**著者と本書出版社側では一切責任は持ちません。**ご判断は自己責任でお願いいたします。

おすすめは、「セルフでやってみる前に」**セラピストによる催眠誘導を受けてみること**です。一度誘導を受けてみると、自分がどのようなタイプなのか、敏感なタイプかどうか、などが分かります。一度誘導してもらって「こんな感じ」と分かってからですと、セルフで行うのはずっと楽になります。

気軽なグループ形式の体験会を事前に一度体験してみるのもよいと思います。（巻末参照）

❖前世を見る心構え

まず「自分自身で前世を見る」という手順をご紹介します。

この７章では、「誘導音声」を使うための具体的な方法を解説していますが、まず「前準備」についてお話しします。それは**「心構え」の部分**です。

実は、「前世を見る」に限らず、「見えない世界」との付き合い方全般に関して言えば、**「意図」というものがとても大切**になってきます。

これは、見える世界でも本当は同じです。たとえば、料理をするとしたら、材料も大事、道具も大事、テクニックも大事、でも、「心を込めて」作るのも大事ですよね。

しかし、見えない世界について言えば、この部分がはるかに大きいです。料理で言えば、ひどい材料で心を込めて作るよりも、いい材料で適当に作った方が美味しい可能性が高いです（笑）。しかし前世を見るならば、それに比べてずっと、「気持ち」の部分が大きい割合を占めます。

一つは「自ら入っていく」という能動性が重要です。催眠に入りたくない人を強制的に催眠にかけることはできません。

「できない」という思いがあると、「できない」という結果に結びつきます。**「できないかも」「難しいかも」と思わないこと**が大事です。

もう一つは、それと真逆のようですが、「受け取る」というスタンスです。前世は自分が「見る」のではなくて、「見せていただく」という受動性が有効なのです。「見る」というのは、極端に言えば、**自分が自分がというエゴ**です。

しかしながら、「見せていただく」というのは、任せる、委ねる、導いてもらう、という謙虚さです。

神様を信じている方は、神様に導いていただいているイメージで構いません。「宇宙の摂理」とか「大いなる何者か」という抽象概念がしっくりくる方は、そのイメージで構いません。亡くなったおじいちゃんおばあちゃんやご先祖様がいつもサポートしてくださっている、と感じている方は、その方々をイメージして構いません。

ただ、この説明をしたら「見せていただくって誰にですか、神様ですか？　おかしな疑わしいものに頼る気はしません。目上目下の上下関係があるという感じも気に入りません」と憤然とおっしゃった方がいました。ある意味、気骨があっていいですね。でも、私は「見せてくださる」のも「自分自身」だと思っています。ただし、常日頃慣れ親しんでいるエゴの自分ではなくて、**もっと大きい、自分を超えた自分**だと思っています。

この**「意図」の能動性と、「委ねる」受動性のバランス**がうまく取れた時に、前世は一番受け取れるようになります。

最初は感覚的にわかりにくいと思いますが、こうかな、こうかな？　といろいろ試行錯誤してみてください。

❖場所の準備

心以外の準備は「場所」です。部屋や椅子といった**物理的な「場所」**と、気のような**見えない「場」**の二つの意味があります。

まずは「場」です。

人によっては、催眠状態は非常に「気」に敏感になります。**モノが少なく、きれいに片付けて、清潔に掃除してある場所**が適しています。

埃っぽかったり、換気がされていなくて空気が淀んでいたり、ゴミが捨てられていなかったり、枯れた植物や壊れたモノがそのままになっていたりしないようにしましょう。

古い人形、手入れされていない天然石、由来の不明なお札、放置された神棚や仏壇などがある部屋、雑然とした倉庫のような所、ゴミ屋敷のような部屋などは、おすすめできません。そのような

実践

部屋しか使えない方は、**前世療法を機にモノを整理して清潔に掃除**をしてはいかがでしょうか。

部屋を事前に浄化することもお勧めです。

・香りによる浄化（線香、セージ、アロマなどを焚く、アロマスプレーを使う、など）
・音による浄化（音叉、ティンシャ、クリスタルチューナーなどを鳴らす）
・石による浄化（手入れされた天然石を室内に配置したり、手に持って行ったりする）
・塩による浄化（盛り塩、室内に天然塩を撒いてから掃除機をかける）
・声による浄化（マントラ、お経、祝詞、祈りの言葉などを唱える）

などがあります。浄化方法について語ろうと思えば、それだけで一冊の本になってしまいますが、大多数の方はそれほど気にしなくてもよいと思います。

霊的に敏感だと自覚のある方は、日頃から行なっている、あるいは浄化方法を事前に調べて、「場を整えて」から行なってください。

次に、「場所」です。

横たわるのは、布団、ベッド、ソファ、リクライニングチェアなど、**全身を脱力させることができるもの**がお勧めです。座布団、ヨガマットなどに横たわるのでも対応可能ですが、リラックス度は劣ります。背もたれのある椅子、床に腰かけて壁にもたれかかる、ソファに座る形、などでもできますが、リラックス度は劣ります。

服装は**体を締めつけない楽なもの**にしてください。

横たわって動かないと、寒く感じる場合がありますので、**空調が寒くなりすぎない**よう注意してください。逆に、**空調が温かすぎると眠くなります**ので、ちょうどよい温度を見つけてみてください。**バスタオルやタオルケット**などを体にかけると、寒くなりすぎず、リラックスもしますので、適宜使ってみてください。

では、**トイレを済ませて**、いざ前世へGO！

❖音声①「体をリラックスさせる準備」（5分解説）

ここから、「誘導音声」の「体をリラックスさせる準備段階」ガイダンスとなります。催眠状態に入っていくのに有効なのは、体（筋肉）を緩めることです。

まず、体を緩められる場所に横たわります。

布団やベッドのように全く横たわってもよいし、ゆったりした深いソファやリクライニングチェアのように多少横になるのでも構いません。椅子でもできないことはないですが、体の横たわり具合が大きければ大きいほど、当然筋肉は緩みます。

そして、目を閉じます。

意外なことに、**目を閉じるだけで半分くらい催眠に入ります**。目を開けてリラックスするより、多少緊張しても目を閉じる方が、実は催眠に入るのです。

「目を閉じたら催眠は始まっている」と思って、自信を持ってください。

最初に、全身の筋肉を、少しずつ緩めていきます。「だら〜ん」とした感覚になろうと意図します。

実践

Aまず、**頭の力を抜きます。**頭の重みを枕にもたせかけるような気持ちで。

B次に、肩、二の腕、肘、前腕、手首、手のひら、手の甲、指先まで、**腕の力を順々に抜きます。**

ここで、**呼吸に意識を向けます。**

楽に、ゆっくり、深く呼吸することを意識します。何回か深呼吸してもいいかもしれません。鼻から大きく十分に吸って、口からゆっくり、細く長く吐きます。

C次に、喉、胸、背中、みぞおち、胃の後ろ、おへそ、腰、下腹まで、**胴体の力を上から順々に抜きます。**右の脇腹、左の脇腹、横の部分も全部力を抜きます。

D最後に、お尻、太もも、膝、ふくらはぎ、足首、足の甲、足の裏、爪先まで、**足の力を順に抜きます。**

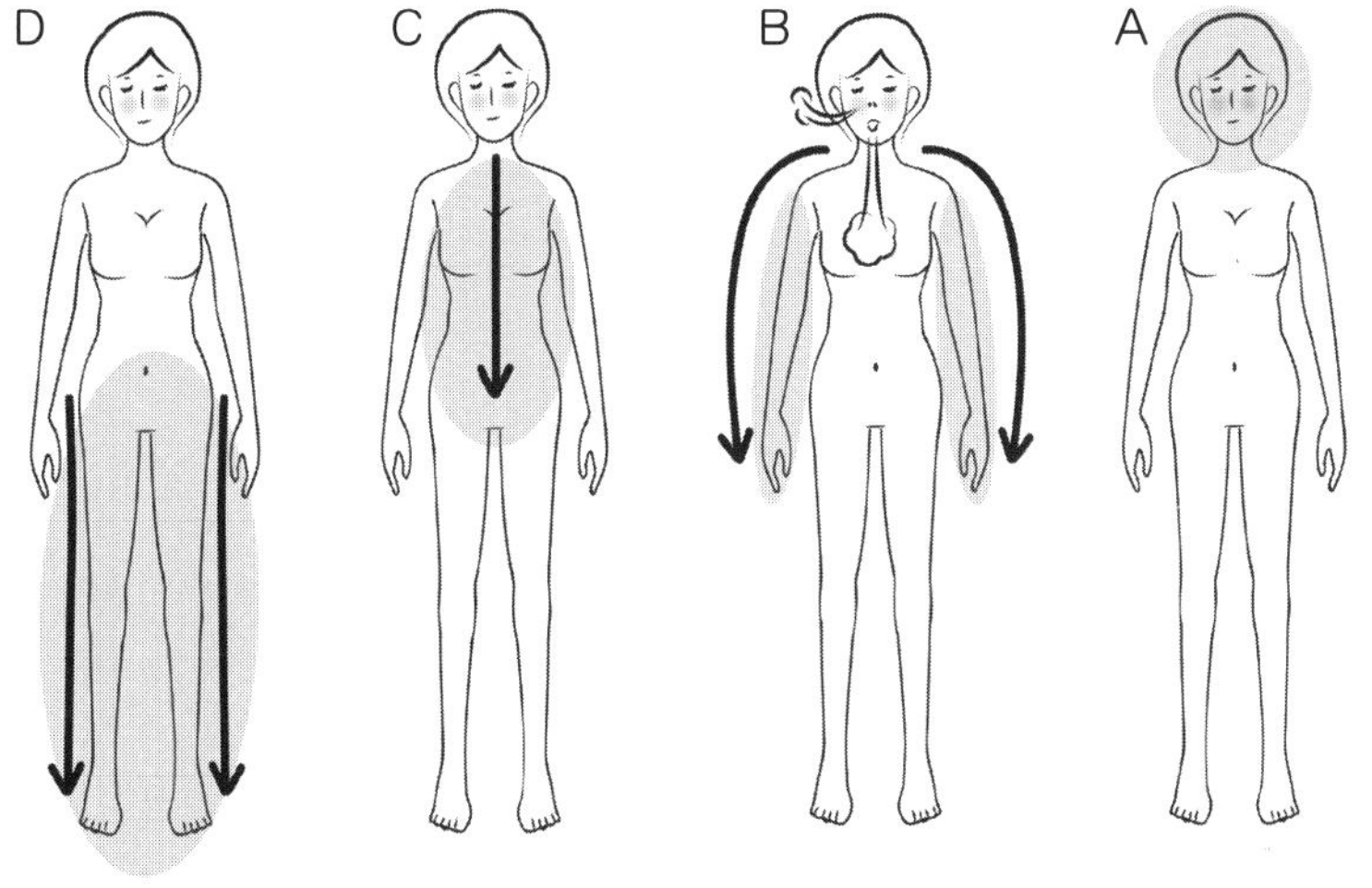

実践

全身の筋肉を緩めたら、仕上げに、**全身の重みを意識します。**頭が重く、腕が重く、体が重く、足が重い。ずっしりと沈み込む感覚を意図します。

ここで、「溺れる」という連想とか「自由がきかない」という恐怖感を抱かないように、「とても気持ちがいい」、とイメージします。

10章でご紹介する「ヘミシンク」の「体は眠っていて、心は起きている状態」を目指します。

これが、**催眠状態の入り口です。**

実は、慣れると、椅子に座ったり、目を開けていたり、極端に言えば歩いたりしていても、催眠状態に入ります。ヨガや太極拳など、動きながら催眠状態に入っていく手法もあるくらいです。

でも初めての方や、慣れていない方にとっては、**体を緩める、筋肉を使わない、**ということが、一番手っ取り早い方法です。

コツやポイントとしては、「リラックスするのが難しい」と思わないことです。私たちの主観と、実際に体に起こっていることは違っています。

緩んでいる「ような気がする」で十分ですので、その「つもり」になってみることが大事です。

「うまくできている、できていない」という「評価」が始まってしまう人が多いのですが、それをやらない、と心がけてみてください。**「できているかどうか」を気にしない**、ことです。

❖音声②「イメージを追って行く練習」（5分解説）

音声②ではイメージの練習をします。「おでこの目で見る」「ちょうちょを追う」「お花畑を見る」などの練習を行います。（**音声①**から**②**に連続再生できていない場合は11章を参照）

最初に大事なのは「体のリラックス」と書きましたが、それと対をなして考えているのが「心のオープン」です。

心をオープンにする方法としては、**「心地よいものをイメージする」のが一番**です。

「美しいなー」「きれいだなー」「好きだなー」「広々してるなー」「のびのびするなー」「気持ちがいいなー」という感情、感覚を呼び起こし、味わうことが、「心のオープン」を促進します。

それ以外に「懐かしいなー」「可愛いなー」「愛してる」「大好き」「ほっとするなー」「安心するなー」「くつろぐ」そんな感覚でも結構です。

小さい子供やペットちゃんをぎゅーっと抱きしめる気持ち。いいお天気の日にきれいな空気を吸い込んで清々しく空を見上げる感じ。大好きなアーチストのライブでわーっと盛り上がってる時。久しぶりの会いたかった人に会えて「わーっ♡」と駆け寄る感覚。温泉の湯船に体を沈めてふーっと委ねるひとときｈ。何でもいいです。

「ええと、お花ってどんなものだっけ？」と一生懸命頭で考えて、「正しいお花とは？」「私は合っているんだろうか？」と思考に流れると、台無しです。**「ああ、気持ちいいな、好きだな」という感覚に身を委ねること。**それが「催眠」に入っていく大きなカギになります。

❖お花畑の次は、いよいよ小川を渡る

前世療法の誘導の中には、**「境界を超える」メタファー（比喩《ひゆ》）**を使います。現実世界から、肉体を超えた見えない世界へ「入りますよ」というサインを、自分自身に送ってあげることが有効です。

「たとえ」ですから、なんでもよいのです。

多いのは「扉」のたとえです。「扉を開けると、違う世界ですよ」と自分の心に言ってあげるのです。「トンネルを抜ける」というイメージも使われます。「エレベーターで移動する」方法もあります。

私は「小川」を使っています。（小川を渡ると**音声③**の本番が自動的に開始されます）

こちら側とあちら側の「境界線」ですから、小さければ小さいほど、浅ければ浅いほど、穏やかなら穏やかなほど、きれいならきれいなほど「超えやすい」わけです。

ここは自由なイメージですから、「渡りやすい」小川にすることがよいでしょう。

実践

この「小川法」を使うと、**どのくらい「抵抗」があるか**、分かって面白いことがあります。

「簡単に渡れる小さな小川をイメージしてください」と言っているのに、「川幅はどのくらいですか？」とお聞きすると「５ｍくらいです」とおっしゃる方がいます。（それは小川じゃなくて川だろう！）

そういう時は、もっと小さい川に「作り直して」いただきます。

濁流が渦巻いていたり、底知れないほど深かったり、沼のようにドロドロしていたりしたら、「あ、渡りたくないんだな」と察しがつきます。自分の側の「構え」ですから、そこで意図的に変更していただいてから渡ります。なお、今までで最大の川幅は30ｍくらいでした。

実は、**「前世が見えない」人の中に、「川を渡らなかった」というケース**が何人もあります。個人セッションでは必ず渡ってもらえますが、グループセミナーだと話しながらやるわけではないので、渡れているかいないかは確認できないので、小川も渡らないまま、前世も見えないまま、時間だけが過ぎてしまった、ということが何度もありました。

そういう方は「どうやって渡ったらいいか、よく分かりませんでした」「小川がうまくイメージできませんでした」などとご報告されるのですが、要するに潜在意識では「渡りたくない」のです。

そういうことに気づいてからば、「ちゃんと渡らないと前世が見えないこともあるので、**渡ったつもりで構わないのでとにかく渡ってください**」と念を押しています。

個人セッションでC子さん（50代・主婦）は「川幅は2mくらいです」とおっしゃったので、あー、これはもっと小さくしてもらわなくちゃな、と思いかけたところで、**「でも、きれいな橋がかかっています。**丈夫で渡りやすそうです」と付け加えました。

「ああ、渡りたいと同時に、渡りたくないんだな」と胸の内が手に取るように分かって面白かったです。この際は、きれいな橋をかけた（＝本当は渡りたい）気持ちを尊重して、川を小さくしてもらうことはせずに、そのまま橋を使ってもらいました。

私が使っている小川のイメージは、**もう川ですらありません。**明るい雑木林の中に枯葉が厚く積もっていて、その上に流れているのだか流れてないのだか分からないくらいの、川というよりは「湿り気」に近いような流れです。このイメージが出てくると、「あー、私って渡る気満々なんだな」と分かって面白いです。

実践

❖音声③「前世を見る本番」（30分解説・初級～中級レベル）

ここまでが**誘導音声①「準備」**と**②「練習」**で、ここからが**③前世をみる「本番」**に入ります。（ダウンロードした**音声は①～③**が自動で連続再生されますが、そうならない場合は10章を参照）

※本書では、中級レベルまで対応可能な、詳細な実践トレーニング解説となっています。初心者は「誘導音声のガイドの速度」では、速すぎてイメージが出てこない場合もあります。本書解説を読んで、流れを理解して、くり返しトライしてみて下さい。

小川を渡ってさらに進んでいくと、「霧の中」をイメージします。霧が晴れてくると「もう前世にいます」。

ここまでは能動的にイメージを作ってウォーミングアップしてきましたが、ここからは切り替えて**受動的に「待つ」段階**に入ります。

ここで「霧がうまくイメージできません」とおっしゃる人がいますが「霧」は重要ではありません。何もない、何も見えない、という状態になればよいだけです。

自分が白紙のスクリーンになったつもりで、待つ。おそらく、前世療法で一番難しいのがこの「待つ」ではないでしょうか。

この待つ時間にとても個人差があります。すーっと短時間で出てくる人と、待っても待っても出てこない人とあります。「私は見えないタイプで」と劣等感を持っている人の多くは、**「ゆっくり」なだけ**のことが多いようです。

なかなか出てこないと、焦って、「どうしよう」とか「ダメなんじゃないか」と思考が働くと顕在意識が活性化して、悪循環に陥って行きます。**「あー、まだかなー？」と、のんびり待つ**以外ありません。

※「誘導音声」では、一定の速度で順次問いかけがされていくので、イメージが出てこない場合「パス」して先に進んで下さい。

個人セッションですと、いろいろな方法でセラピストが手伝ってくれますが、一人でセルフをやっていると、どうしてもこの「待つ」ができなくて、そのまま眠ってしまうケースがあります。

私の提唱している「セルフ前世療法」は**「白紙の状態で待つ」ためにはどうしたらよいか**が重要です。

私たち現代人は、休みなく考え続けています。私たちはまるで「思考中毒」です。慣れていなければ、「白紙になる」ができないのは仕方ありません。

私は「前世を見る」という邪《よこしま》な目的（笑）のために努力をすれば、現代人の「思考に囚われ、振り回されていること」から解放される、ということを発見しました。「前世を見るという目的」は、**実は私たちの考え方や生き方の根本を見直させてくれる**ことになりました。

「思考という雑音を消す」「静寂の中で真の自分自身の声を聞く」

ということが大切なのだと気づくように至ったのです。それに**必要なのは「慣れ」**です。それは9章のトレーニング方法で詳しくお話しします。

❖場所を見てみましょう

すでに前世にいます。

十分体をリラックスして（**音声①**）、イメージ練習で心をオープンして（**音声②**）、「境界線を越える」と意図して、「白紙の状態になって待つ」（**音声③**）……ここから前世を受け取ることが始まります。

①霧が晴れて来ると、「**場所を意識**します」

意識するというのは**「どこだろう？」と心の中で問いかける**ことです。

「意識する＝問いかける」→「受け取る＝来るのを待つ＝感じる」この連続です。本来は、**心の中で自由に自分の向けたいところに意識を向ける**ことをすればよいのですが。

ここで、風景なり物なり人なりが浮かんできたら、そこに注目していけばよいのですが、多くの方は、最初はなかなか浮かんできません。

浮かびづらいときの方法としては、**二択を用意**して、「どちらかといえば、どうなのか」を追っていくという方法があります。「明るいのか、暗いのか」「広いのか、狭いのか」「屋外なのか、屋内なのか」等と**対比させてみて、感覚的にしっくりする方を選ぶ、**という方法です。「誘導音声」はだいたいそうできています。

この時の感覚はとても淡いことが多く、**「気のせい」程度のことが多い**ので、感覚的でよいと思って厳密に考えないことがコツです。特に最初のうちは、**「～ような気がする」**のオンパレードで構いません。

浮かびづらい時のもう一つの方法として、**さまざまな選択肢をあれこれ挙げて、その中から探ってみる**ことです。誘導では、海、山、森、草原、砂漠…と具体的に、違うものを「候補」「選択肢」として挙げて「呼び水」として使っています。それらの単語を聞いた時、あるいは心の中で思い浮かべた時に、一番しっくりするものを選ぶ、という方法です。

これも「そんな気がする」を大切にしてみてください。

②大雑把なことが浮かんだら、次は**「細かく具体的に見ていく」**プロセスに入ります。建物だったら、屋根、壁、窓、扉…と**一箇所ずつ意識を向けて**いきます。

これは「お花畑」や「小川」で「練習」したことと同じです。一箇所ずつ丁寧に見ていって、最終的には全体がわかる、という順番になります。

これも、**厳密に考えず、分かるところだけ分かればいい、**というスタンスで結構です。どの部分、どの感覚が出てきやすいのかは、個人差が大きいです。全部を見ようとしないで、一箇所でも「引っかかった」所が出てきたらラッキー！くらいに考えてください。**浮かんでこない質問は「パス」していい**んだと気楽に構えます。

実践

「見えることにこだわらない」「視覚情報に集中しすぎない」ことも重要です。「感覚的なこと」にも注意を向けてください。「どんな部屋なのか」を見るだけでなく、「心地いい、心地よくない」という主観的な感覚が何か出てきていないかも感じてみてください。「清潔できちんとした感じがする」とか「寒々しくて寂しい感じがする」などといった、漠然とした感じが結構出てきている時があります。

どんな部屋なのかをイメージする。

温度、湿度を感じてみると、気候や天候がわかることがあります。朝・昼・晩（時間帯）、春・夏・秋・冬（季節）、晴れ・曇り・雨（天気）、を感じてみるのも試みます。

③うまく浮かんだ場合は、**「さらに細かく見る」**ということも試みてください。家具が見えたら、どんなデザインなのか。棚や机の上に置いてあるものはないか。あったとしたらどんなものか。

人により得意不得意がありますので、他が見えなくてもそれだけよく見える、ということがあります。「カーテン」が浮かんだなら、生地や模様や厚みや光沢など、「見えたものをさらに細かく観察する」というやり方をすると、だんだんわかってきます。

でも、**最初のうちは欲張らなくて結構**です。「外にいるみたい」「昼間のような気がする」「暑くも寒くもない季節のようだ」「どちらかというと乾燥している」この程度で十分です。

❖自分の体を見てみましょう

④次は**前世の自分自身**に意識を向けます。

ここまでであまり出てこない人も気にしないでください。得意不得意がありますので、「風景が得意」とは限らないですし、ゆっくり進めばよいです。

足元の地面または床を見ます。見る「つもり」で結構です。

それから、**自分の足**を見て、何かはいているか、裸足かを確認します。

経験的には地面や足から見え始めるケースが多いので、私は足元に注目させることを**「足元法」**と呼んでいます。

下から順々に、**自分の服装**を見ていきます。これも、「お花畑」「小川」で練習したのと同じプロセスです。

色、形、模様、デザインなどの視覚情報。ゆったりした、ぴったりした、ごわごわした、つるつるした、重い、軽い、などの体感情報。「生地」は、視覚的に分かる場合も体感的に分かる場合も、「上等な生地のような気がする」といった感覚だけでわかる場合もあります。

⑤だんだん視線を上げていって、**上半身の衣服**も見ます。着物やローブや貫頭衣など、色や生地などを感じます。

色や形などぴったりしたゆったりしたなど体感情報や、袖口や襟元胸元など、細かいところにも意識を向けていきます。ボタンやリボンやワンポイントのようなものも分かるかどうか、探ってみます。

袖があるかどうかも確認します。長袖、半袖、七分袖、あるいはここで「たもとが長い着物」とか、「気候が暑い」などの情報が出て来ることも多いです。

全身を見ていくと、**「体格」**が分かることもあります。がっちりした、ほっそりした、ぽっちゃりした、ひょろ長い、小柄など、全体的に体が分かる場合もあります。

胸が膨らんでいるから大人の女性だ、たくましい腕の男性だ、などと、この辺りで性別が見えて来ることも多いです。

⑥衣服の全体像を探ったら、今度は細部に入ります。**帯やベルト、アクセサリーや装身具**に注意を向けてみます。この辺りは、国や時代や文化や身分などが分かる場合があるので、分かる範囲で探ってみてください。

場所や衣服がほとんどわからなかったにも関わらず、「首にかけた十字架」など、突然部分だけ詳細に見えて来ることもあります。これで地域や時代が分かったりします。

ただ、古代や庶民などそのようなヒントになるようなものが何もない場合も多いので、なければないでそれ自体が情報だと思ってよいです。

一つでもわかったらヒットだと思ってよいでしょう。

❖顔を見てみましょう

辺りを見て、体を見たら、だんだん視線を上げて、**首から上**を意識します。前世の自分の顔が見えるかどうか、ドキドキしますね。

⑦まずは**髪の毛**を見ます。色や長さや髪型を確認します。髪は、人種、民族、性別、身分などが現れやすいので、分かったらしめたものです。特に、結んだり結ったりしている場合は、時代や文化の特徴が表れることが多いです。

これも「視覚的に見える」ことにこだわらないようにします。そんな気がする、で十分です。**かぶっているもの**（帽子、兜《かぶと》、ベール、フードなど）や、**載せているもの**（冠、花や草、壺やざるなど）、巻いているもの（鉢巻、ほっかむり、ヘアバンドなど）を探してみます。もしあったら、色や形や大きさや素材などを、具体的に確認していきます。

兜などだと、紋章や小さい旗が付いていることがあります。それをよく見ると、国や時代が推測できることもあるので、細かいところも見ると面白いのです。

ベールやフードなどで髪の毛が覆われて視覚的に見えていなくても、自分の髪型や色を「分かる」こともあります。見えないからといって「分からない」と決めつけず、「中はどうなってるのかな？」と意識を向けてみることが大事です。

⑧ここまでくると、**性別や年齢**が分かることが多いです。年齢ですと突然「数字」が見えることもあります。もっと直感的に、**自分自身なんだから「わかっている」感覚**も使えます。

もし「若い」とだけ感じたら、「10代？ 20代？」ともっと細かく感じ分けてみてください。もし「20代」だと感じたら、前半なのか半ばくらいなのか後半なのかも感じ分けてみてください。

昔の人は老けて見えるので、40歳くらいに見えて20代だったりもしますので、「見える」感じと「自分について分かっている」感じが食い違っていても気にせず、感じたままを受け取ってください。

自分自身なのに、性別が分かりづらいときもあります。子供や老人で、分かりにくいこともありますし、「中性的」な人物の場合もあります。それはそれで無理に分かろうとしないで先へ進んでください。

実践

⑨さて**いよいよ「顔」**です！

見ると「意図する」ことが大事ですので、具体的に浮かんでこなくても、視覚的にあまり出ないタイプでも、**とりあえず「見る」**と試みてください。

顔を「外から見る」ことを試みてください。10章で詳しく説明しますが、視点を「出たり」「入ったり」することができます。「やればできるようになるんだ」と思ってやってみてください。

具体的なパーツに目を向けていくのは、お花畑と小川の「練習」、風景や衣服と同じです。一箇所ずつ意識を向けて、分かるものだけ受け取れば十分です。「目が細い」「色が白い」「鼻が高い」など、その程度でも構いません。

パーツが見える、見えない、いずれにしても、「全体を感じる」というのも試みてください。「美人」とか「優しそう」とか「気難しそう」とか、**大くくりの「印象」が分かるかどうか**試して見てください。

顔は特に「美人でありたいという願望ではないか」とか「映画で見たことのあるあれを思い出しているのではないか」とか**思考・疑い・否定が湧きやすい**ので、そのような雑音を振り払って受け取ってみてください。

❖持っているものを見ましょう

⑩「場所」「自分」を辿って行ったら、次は**「手に持っているもの」**を見ます。「何を持っているか」にたくさん情報があることがあります。
時代、身分、行動などが分かることがよくあります。

後から判明することも多いので、「何か重たいもの」程度でも構わないので、感じてみることが肝心です。「分からない」で済まさず、**「何か持っているのか」「手ぶらなのか」**くらいまで感じてみましょう。

どんな用途（武器、食べ物、道具など）か大雑把にとらえたり、「大事なもの」「もらったもの」など**抽象的な概念**で感じてみてもよいでしょう。

入れ物の場合は、「中身」と「中身の量」も確認します。「外から見ているから中身は分からない」と思わずに、「知っている」感覚を使ってみることが大事です。「分かるはず」と思って探ると、意外に分かります。

背中にしょったり、腰に付けたり、ポケットに入っているものも、同様に探りましょう。

服や建物、家具などから時代がみえてきます。

❖何をしているか（行動）を見ましょう

⑪「場所」と「自分自身（持ち物を含めて）」を見たら、いよいよ**「何をしているのか」**を探っていきます。ここからが本番です！

ここまで来ると、**最初は風景が分からなかった人も見えてきて**たり、**場所が移動している**（外にいたのに部屋の中に移ったなど）こともよくあります。改めて「どこで」、「何をしていたか」を全体的に感じてみましょう。

この辺りから難易度が上がってきます。場所や人物はセルフでも割と分かるのですが、行動は分かりにくいことが多いので、分からなくてもあまり気にせず、「探ってみる」ことを試みましょう。

また、この辺りから、**「外から見る」よりも「内側から感じる」に軸を移していく**ことになります。外から見てもよいのですが、同時に自分の「中に入って」感じる、ということを試みましょう。行動そのものが「見え」なくても、何をしているか「分かる」ことも多くなってきます。

「分かりにくい時は細分化する」のが有効です。大雑把に、**立っている**／**歩いている**／**走っている**／**座っている**／**横たわっている**のを感じ分けてみます。

「立っている」と分かったら、さらに「立って何をしているか」を探っていきます。**何か見ている／何か待っている／何か考えている**、などを感じ分けています。何か見ている時はぼーっと見ているのか、一生懸命見ているのか、見張っているのか、探しているのか、など、「何をどう見ているか」を感じてみます。待っているなら、人なのか出来事なのか、約束して来るのが分かって待っているのか、来るか来ないか分からないけど待っているのか、「待ち方」も感じてみましょう。

立っている場合も、「立ち止まっている」「動作の途中」のことがよくあります。**何かしているところ／これから何かするところ／何かし終わったところ**など、前後に時間をずらせて意識してみます。

歩いている／走っている／乗り物に乗っているなど、**移動中の場合は、どこから来て（出発点）／どこへ行くのか（目的地）**、急いでいるのか急いでいないのかも探ってみます。

なぜ移動しているのか、**目的、理由、用事、事情**を感じてみます。「目的もなくぶらぶらしている」なんていうこともあります。分かりにくい場合は、大雑把でも構わないと思って、分かる限り感じてみます。「どうもそうらしい」「そんな気がする」程度の淡い感覚を大事にしてください。

行為・行動の「頻度」も感じてください。**毎日／よく／時々／たまに／〇回目／初めて　など、**自分にとってどのくらい馴染みがあるのかを探ってください。

「行為・行動」はいわば、前世を見るハイライトの一つです。ぶっちゃけ、どんな顔をしているか、何を持っているかなどは、どうでもいいことです（笑）。前世で「何をしていたか」が出てくればよいのです。

しかし逆に、容姿や服装を詳細に見ていくと、「精度が上がり」ます。外見を探るのは、「何をしていたか」を受け取るための前座、ウォーミングアップと考えても差し支えないくらいです。最初「行動」が分かりづらい人は、前半の**「外見」部分を細かくやってみると、分かるようになる**かもしれません。

❖気持ちを感じてみましょう

⑫外見、行動ときたら、次はとても重要な**「気持ち」**です。

「風が気持ちいいなあ」「足元が濡れて冷たい」などほぼ**「感覚」**に近いもの。

「ほっとする」「イライラする」「不安」など「気分」、「嬉しい」「寂しい」「悲しい」「ドキドキする」など**「感情」**。

「また会いたい」「行く末を見守りたい」「どこかへ行きたい」など**「意志」**。

「私はいつも裏切られる」「私のせいで一族が滅んでしまった」「頑張ったら報われる」など**「考え」「思考」**など。さまざまなレベルがあります。

気持ちが分かりにくい場合は、**「どちらかというといい気持ち」**なのか、**「どちらかというといやな気持ち」**なのか、方向だけ感じてみるだけでも十分です。どちらの気持ちもはっきりしない場合は、**「ニュートラルな」「平常心」「日常」の感覚**ではないか？　と確認しておいてください。

ここは完全に「内側から感じる」なので、外から見えるけど気持ちが分かりにくいタイプの人は、特に**意図して「中に入る」**ようにします。

服装のように「外から見る」だけだと「悲しそう」などと他人事レベルでしか受け取れないことがあります。「内側から感じ」て初めて、本当の気持ちがわかることがあります。

前世療法は「感情」が一番大事です。ここで「感情」を味わえた人が初めてリアリティを感じることができます。極端に言えば、感情を感じないうちは前世を見たうちに入りません。

感情が出てきたら、止めずに味わってみてください。体験に没入してみてください。**涙が出たら止めないでください。**

「あっ、涙出てきた、止めなきゃ」と感情を抑えると、せっかく出てきた前世の情報も止まってしまいます。感情に深く入った瞬間、「出来事」もばーっと入って来ることがあります。

「ああ、幼少期にこういうことがあって、こうしてこうしてこうなったんだな、そのあとこうな

実践

って、亡くなる時はこうなんだな」という流れがどばーっと入って来る人もいます。**前世の記憶は「感情」に紐《ひも》づいています。**感情から入るのが最強なのです。

外見を「見る」だけでは、「これって本当に見えているのかな?」と自信がなかった人も、感情が入ってきた時に「これは**作っているのじゃなくて、出てきているんだ**」という確信に至ります。人から聞いた前世でピンとこなかった人が、初めて実感をえる部分です。

ただし、これもセルフでは比較的難しい部分です。分からないくらいで普通だと思って、**「ぼんやりそんな気がする」程度で合格**だと思ってください。

逆に、**感情が出すぎる**タイプの人もいます。収拾が取れなくなる方です。本当に個人差が大きいです。そのような方はセルフはやめておくか、個人セッションを受けましょう。

感情も文字で出る

「感情」は「内側から感じてみる」のが大原則ですが、**ごく稀に、「文字で見える」**ケースがありました。江戸時代の飛脚? 庶民の男性を見た方で、「どんな気持ちですか?」とお聞きすると「とても悲しい」と文字で見えたそうです。毛筆で、縦書きだったそうです。その文字を見て「へぇー、悲しいんだ」と他人事のように思ったそうです。

私自身がセルフで見た琉球王族の前世は、人生半ばで暗殺されてしまいますが、亡くなる場面で、「無念」という字が浮かびました。こちらは強い感情も伴っていました。これも毛筆で縦書きでした。まるで裁判で「勝訴」と書いた紙を報道陣に向けている、そんな感じで面白かったです。

❖地名・年号・名前も探りましょう

⑬場所と人物（自分）が分かり、行動と気持ちが分かれば、前世のストーリーは完成です。ではさらに、**地名と年号と名前**を探りましょう。私はこれらを**「客観情報」**と呼んでいます。

これらは基本的に「直感」で分かります。「浮かぶ」とか「そう思う」という感覚です。「意図を向ける」と出て来ます。「何も考えない白紙の状態」で、出て来るか「一呼吸待って」みます。一呼吸待っても**浮かばなかったら、諦めて**そのままにしておきます。

自分の持っている歴史の**知識と照らし合わせない**ように気をつけます。自分の知っている知識と食い違っていても、「そのまま」受け取ります。後で感じ方が変わることも、知らなかった事実が後で判明することもよくあります。

地名は、ヨーロッパなどざっくりではなく国の名前、町の名前、村の名前、大きな教会やお寺やお城の名前、山や川の名前など、できる限りピンポイントで探ってみるのがお勧めです。

年号の浮かび方もいろいろあります。ぱっと数字が浮かぶこともあるし、何十年前、何百年前、何千年前、という浮かび方もあります。○○時代と分かればそれでもいいです。紀元前・後をざっくり感じるだけでもよいでしょう。「数字が見える」見え方も結構よくあります。

日本や中国の場合は、「元号」が出て来るか試みます。漢字一文字だけでも、読みだけでも、数字の部分だけでも、出て来る範囲で結構です。

過去生の自分の名前も、先入観なく受け取ってみます。呼び名、名前の一部、頭文字、なんでもいいです。その時代や国に合わないなあ？と思われるものが出て来てもそのまま受け取って**「あだ名」くらいに思えばよい**です。

年号や地名が出て来たら、**検索してみましょう**。特に、知らなかった地名や元号などが史実とヒットするとわくわくです。

❖その前世を見た「意味」を感じましょう

⑭前世療法をやる目的は、**「今の人生とつながる意味」を感じること**にあります。これも「分かる」という感覚＝直感を使います。

実践

「メッセージ」のように、**言葉で受け取る**人もいます。それが一番分かりやすいのですが、そうでないケースも多いです。その場合は、その時**ふっと浮かんだこと。思い出したこと。**などを感じてみましょう。

今の自分と似ていること。今の自分とそっくりなこと。そこに目を向けてみましょう。または、**今の自分と正反対なこと。**今の自分と真逆なこと。そこに核心があることも多いです。

それを体験することで**「何を学んだと言えるのだろうか？」と考えてみる**と分かる場合もあります。

「意味を感じる」のはうまくいく時とうまくいかない時があります。見た瞬間「ああ、そうだったんだ！」とストレートに分かることも多いですが、「だから何？」というものも多く、個人差が非常に大きいです。分かる人はスラスラと「分かる」のですが、慣れや経験によります。基本的にセルフは、情報量が少なかったりするので、「感情」と同様、**分かったらラッキー**くらいでよいでしょう。

ここはセルフでは一番難しい部分です。**「見えたけど、分からない」**というパターンは、セルフの限界です。限界がある前提で、分かるところまで行ってみましょう。意味をわかりたい人は、個人セッションを受けましょう。

「意味」は、**後になってから、突然分かる**こともあります。読んだ本、目にしたＴＶ、見た映画、何気なく交わした会話などで、突然「答えあわせ」が起きることもあります。また、一つの過去生を見ただけでは分からなかったことが、2つ、3つといくつか見た時に初めて、それら全てを貫通したテーマが分かることもあります。

その時は分からないなら分からないで、**「保留」しておきましょう。**

❖前世の自分をハグしましょう

⑮最後に不思議なプロセスが入っています。**前世の自分を抱きしめる**、というイメージです。退行催眠の中では、子供時代の自分を抱きしめる、というやり方がありますが、同じです。「同じ一人の自分」が、別人格として出会う手法です。別の場所、別の時間、別の容姿、これが「前世を知る」ということだと思っている人が多いです（私も思っていました）。でも「前世を知る」ことで一番重要なのは、この「自分自身を別人格として今の自分が抱きしめる」ということだと分かるようになりました。この部分が、「人に前世を見てもらう」**前世リーディングと決定的に違う部分**です。

一つの目的は、自分自身で自分を受け入れる、というプロセスです。これが催眠療法の真骨頂です。**ネガティブな感情（辛い、悲しい、寂しい、悔しい等）を認め、出し切り、受け入れ**

実践

る。そこに訪れるのが「癒《いや》し」です。

「そうだったんだね」「分かるよ」という言葉かけをします。**100%受容します。**間違っても「説教」や「指導」「アドバイス」してはいけません「そうしないと大人の社会で生きていけないよ」なんて言ってはいけません(笑)。それは顕在意識のやり方です。**常識を用いず、論理を離れて、ただ「感情」に入っていく。**これが潜在意識との接し方です。

「**あなたは悪くないよ**」という言葉も大事です。たとえば、法や論理に反することだったとしても、「そう思ってしまったのは仕方がなかったよね」と認めます。

「よく**頑張ったね**」「偉かったね」「**大変だったね**」「よく耐えたね」などと褒《ほ》めたりねぎらったりもよいでしょう。

「大丈夫」という言葉は最強です。「もう大丈夫だよ」でもいいし、「ありのままのあなたで大丈夫だよ」でもいいです。**「私が幸せになるね」「あなたができなかったことを今回私はやるからね」**と安心させる言葉を使いましょう。

もう一つの目的は、それとは逆に、エネルギーやパワーをもらうというプロセスです。ポジティブな感情（幸せ、成功、喜び、満足、充実感等）を自分のこととして味わう。そこで起こることは**「エナジャイズ」「パワーチャージ」**です。

前世で経験した「感情」を探る、受け取る時と同様に、「中に入る」「内側から体験する」と試みます。ハートとハートをつなげて、**ポジティブな感情やエネルギーが流れ込んでくるのを感じてみます。**

前世の自分の「性格」が素敵だったり、「容姿」が美しかったり、「能力」が高かったりする場合は、その良さをしみじみと味わってみてください。

同性だったら「こんな人になりたいな」、異性だったら「こんな人が恋人（配偶者、パートナー）だったらいいな」と十分その魅力を味わってみてください。

「これは妄想じゃないか」「これは願望じゃないか」と絶対に考えてはいけませんよ。

そして「それが自分自身」「忘れている**本当の自分**」「潜在意識に蓋をしていない**本来の自分**」だと気づくことです。**私達の9割以上は、素晴らしい自分自身を封印して生きています。**びっくりしたり面食らったりする人が後を絶ちませんが、この「ハグして直接エネルギーを受け取る」という手法で、ぜひ**「本来のもっと可能性のある自分を感じる」**を体験してほしいと思います。

三つめの目的は、**前世についての「情報」をもっと受け取る**ということです。

体つきや五感で感じることでもわかることがあります。痩せてたんだな（貧しかった）とか、香水の匂いがする（女性的な人生だった）とか、冒頭に出したエピソードのように臭い（原始人だったんだな）なんてわかることもあります。

曖昧にしか分からなかったこと、出てこなかったことが、**ハグした瞬間ばーっと分かる**ことがあります。こんな性格だったんだ、とか、こういうことが好きだったんだ、とか、その人の詳細が流れ込んでくることもあります。こういう生い立ちだったんだとか、その後どういう人生送ったんだ、など、別の時間のその人について分かったりします。

とにかく、このハグ方式は、情報量が多くて便利なのです（笑）。

そもそも前世を探る、ということ自体に慣れていなくて分りにくい段階の人にとって、この「自分とハグする」は一層分かりにくいようです。

また、「この人性格悪い」「こういうタイプ嫌い」という前世だと、ハグしたくなかったという人もいます。自分なのに（笑）。でも、これもやってみると、外からは「性格悪い」としか見えなかった人が、強い悲しみや苦労した体験を持っていることが分かったりして、「嫌だ」という感情が一転して深い共感に変わることも多々あります。

とにかく、「やってみなはれ」と言いたいです。よく分からなかったら、**ハグしている「つもり」で十分**です。

❖前世の自分に挨拶してお別れ

⑯お別れの時に前世の自分に**「感謝」「ありがとう」を伝えます。**大事なことを見せてくれて、出てきてくれて、ありがとう、という気持ちです。

実は、この「挨拶方式」は、ヒプノセラピーで学んだことではなくて、他のスピリチュアルワークを通して、私が独自に取り入れたものです。「見えない世界」では「感謝」がものすごく大事です。**感謝が「通貨」のようなもの**です。モノを購入したらお金を払うように、見えない世界の体験をしたら感謝で〆る。

前世がまったく見えなかった、感じなかった場合も、「あちら」はこちらのことを分かっています。「エア挨拶」でいいので、いる「つもり」で感謝を伝えてください。そうすると、だんだん分かるようになりますよ。

以上、ここまでが前世体験となります。

❖アフターケア・催眠後の状態

「誘導音声」の最後に、**解催眠＝催眠から出す誘導**があります。催眠中とは異なった声を使い、催眠から出た後の自分の状態をコントロールする文言が入り、最後は合図（拍手）で催眠から出ます。ただし、途中で聞くのを中断しても、催眠から出ることは簡単にできます。**目を開けて、体を動かせば**、私たちの脳の状態は催眠から出るようになっています。

催眠状態からの出やすさには個人差があります。催眠状態が残りやすいタイプの方がいらっしゃいます。催眠後の状態は、一言で言うと**「ボーッとした状態」**です。やや足元がふらついたり、物忘れしやすかったりする場合があります。

一番おすすめなのは、**そのまま眠ってしまうこと**です。夜寝る前や、昼寝やうたた寝のタイミングに試みるのがおすすめです。眠りから覚めた時はスッキリしています。

❖頭痛がする場合

催眠中や催眠後に、**軽い頭痛や頭の疼き**を感じる方が、結構いらっしゃいます。

頭痛の場所が
・額の真ん中あたり・頭の中心部・なんとなく頭全体・（まれに）頭頂部
・（まれに）左右のこめかみ・（まれに）後頭部の真ん中（額のちょうど裏側）

で、感じ方が
・むずむず疼くような感じ
・ずきずき軽い痛み
・押されているような、圧迫されるような感じ
・ぐるぐる渦巻いているような感じ
・割れるような、開くような感じ
の場合でしたら、**「活性化」ですので、心配ありません。**

よく「運動したことのない人が、**急に運動した時に感じる筋肉痛**」と説明しています。脳内の適切な部位を、十分に使った、という証拠ですので、**むしろとても望ましい状態**です。筋肉痛と同じで、放っておけば、時間の経過で楽になります。通常は、一晩眠れば「嘘のように消える」方がほとんどです。お一人だけ、2日かかった方がいらっしゃいましたが、3日目には戻りました。

それ以外の痛み方や、激しい頭痛、鋭い痛み、3日以上続く場合は、「活性化」とは違うものだと思われますので、医療機関を受診してください。ただし、二千人を超える私のセッションで今までそのような方は一人もいませんでした。

心配ない場合でも、不快な思いを我慢してまでやる必要はありません。**嫌だと思ったら、途中でやめてください。**

❖グラウンディングの大切さ

前世療法の本を出すにあたって、どうしても書きたかったことがあります。これを外しては前世療法をやってはならない。**とても基本的だけれども、とても大事なこと**があります。

それは**グラウンディング（grounding）**です。

ground、地面、大地、基盤などという意味の単語の動詞形です。

「地に足をつける」という日本語にあたります。

前世療法とは、現世の肉体を忘れて、現世の肉体を離れる方向へ、意図的に向かう手法です。ですので、行ったら帰ってこなくてはいけません。

基本的には、**催眠から帰ってくるのは簡単**です。私たちの存在はとてもとても肉体に制約されているので、「肉体に戻ってくるのは簡単、肉体を離れるのは難しい」のが基本ですから、帰ってくること自体は放っておいてもできます。

水中に潜ることを想像して見てください。深く潜っていくのは大変です。深くなればなるほど戻る力に逆らって行かねばなりません。でも、戻るのはちょっと力を緩めればあっという間に水面に引き上げられてしまいます。ぴゅーっと水面へ一直線です。

ほとんどの方は、セルフで催眠をやろうとすると、**「睡眠」になってしまいます**（笑）。やりすぎるということはなく、ただたくさん眠ってしまいます。

特に、忙しくて疲れている現代日本人のほとんどは、深いリラックス効果のある催眠をすると、てきめんに眠ってしまいます。


しかし、意図的に肉体性を離れるのでしたら、意図的に戻ってくるということもお話ししなくてはなりません。

禅の世界では「禅病」と呼ばれる現象が知られていて、坐禅をやりすぎると体調を崩すので、**そうならないように対策する**よう注意が喚起されています。

禅の修行には必ず作務《さむ》と呼ばれる肉体労働がセットになっています。薪割《まきわ》りをしたり、床掃除をしたり、炊事をしたり、体を動かして現実生活を送ることが、修行の一環になっています。これも禅が発達する上で、**そうすればバランスがとれる**ということが、経験的に分かってきたからではないかと思います。

「坐禅体験会」のように、非日常的に、１時間程度坐禅をする分には、問題ありません。**続けて、大量に行う場合に、注意が必要**になってきます。

前世療法も同じで、意図的に多くやるとしたら、**「現実とのバランス」「肉体とのバランス」**をとることがとても大事です。

❖簡単なグラウンディングの方法

１　飲食

ぼーっとした状態から戻ってくる**一番手っ取り早い方法は、食事をすること**です。「食べる」という行為はとても肉体性が強いです。肉体がなければ食事はできませんね？

水一杯飲むだけでも効果がありますが、水やお茶よりジュースや牛乳のようなカロリーのあるもの、飲み物より食べ物の方が、より肉体に戻ってきます。

簡単なお菓子やスナックでも構いませんので、軽くつまむだけでも食べないよりは良いです。

お勧めはお肉です。よく、宗教行事で神様とつながる目的で断食や菜食をすることがありますが、その逆で「現世に戻ってくる」方向です。嫌でなければ「がっつり」肉食をお勧めします。

なお、お酒について聞かれることも多いですが、アルコールの位置付けは微妙です。肉体性に戻ってくる側面がないとは言えないですが、逆にふわふわしてしまう方もいます。

なお、瞑想状態を作るものは何でもそうですが、**直後は普段よりお酒が回りやすくなります。**

その点は自覚して注意してください。

2　**運動**
飲食に続いて「肉体性を思い出す」のに有効なのは、**体を動かすこと**です。肉体がなければ運動できませんよね（笑）歩くだけでも効果があります。特にスポーツをしろというわけではありません。日常動作で十分です。

家事もおすすめです。掃除機をかける、雑巾をかける、風呂洗い、鍋磨きなど、少し運動量の多い家事をすると、グラウンディングもできるし、家も綺麗になるし、一石二鳥です。

普段やっているスポーツの練習、ダンスなどもよいでしょう。カラオケもおすすめです。

3　**皮膚を意識する**
「肉体性に戻ってくる」のに**皮膚を意識すること**が有効です。触覚というのはとても肉体性が強いのです。

気功の後で、ほっぺたや顔、腕、足などを、両手で軽くぺたぺた叩く動作を入れることがあります。肉体のある自分を思い出す動作です。

裸足や素手で、地面や自然に触れるのもお勧めです。芝生や砂浜で裸足になる、水や土を素手でいじるガーデニングや砂遊びなど。大地に寝転ぶのもいいですね。

４　現実的なことに意識を向ける

ここまで体を使って肉体性に戻ってくる簡単な方法をご紹介しましたが、もう一つ、気持ちの面で現実に戻ってくることをお勧めします。

時々、瞑想やスピリチュアルにはまりすぎて、**現実から遊離する人**がいます。もう社会や仕事などに興味がなくなってきて、**浮世離れしてくる人**を、今まで何人も目撃して来ました。この本を読んで誘導を試みて、前世のことばかり考えて俗世から離脱するような人が続出したら私が困ります（笑）。なので、この点もしっかりお伝えしたいと思います。

「ちょっと面倒臭いけれど大事なこと」を大切にしてください。例えばお金のこと。家計簿。確定申告。遺産相続。投資。例えば人間関係。職場。ご近所。親戚。嫁姑。その辺りに意識を向けて入れれば、現実に戻って来ます。

５　明るい気持ち

肉体性に戻る方法論とは少し趣旨が違いますが、気持ちの持ち方をポジティブにすることもあわせておすすめします。

瞑想状態、催眠状態というのは、基本的に「敏感になる」方向性を持っています。ネガティブな感覚でいると、ネガティブなものに敏感になっています。

怒り、悲しみ、恨み、妬み、そねみ、ひがみ、など。

笑い、楽しみ、喜び、ワクワク、そんな方向へ心を向ける、ということが普通以上に大切です。お笑い番組や面白サイトを見る。コメディ映画や漫画を見る。気心の知れた友達と笑い話をする。自分なりに楽しく明るく元気になる方法を取り入れてください。

スピリチュアル系に詳しい人にとって、これは「常識」や「基本」ですが、初めてこの世界に触れる方は、まず「そういう観点があるのだ」ということを知っていただくのも大切です。

セルフ前世療法は心身のバランスをとり現実を大事にしながら行ってください。

コラム８

前世の本格的な研究は始まっている

前世療法の本を書くにあたって、どうしてもご紹介したい方がいます。それは**中部大学教授（米国ヴァージニア大学医学部客員教授）の大門（おおかど）正幸先生**です。２０１６年『**人は生まれ変われる。**』（池川明医学博士との共著・ポプラ社刊行）というご著書の出版記念パーティーに出席して、初めてお目にかかりました。

米国ヴァージニア大学医学部精神医学・神経行動科学科・知覚研究所は、１９６０年代から「生まれ変わり」「臨死体験」「霊能力」などに関して本格的、学術的に研究されている世界の拠点です。**全世界から二千六百を超える生まれ変わりの事例**が集められ、データとして分析されています。

大門先生はそこで客員教授を務め、膨大な症例を分析するとともに、日本での症例も加えていま す。

ヴァージニア大学は、アメリカ合衆国建国からまだ日の浅い１８１９年に、第3代大統領トーマス・ジェファーソンによって設立されました。日本では江戸時代末期、文政年間です。東京大学が１８７７年、慶應義塾大学が１８６８年創立なので、ずっと古い歴史と伝統があり、大統領、国防長官など、国の中枢をなすエリート層を生み出して来た超名門校です。東海岸らしい、クラシカルで重厚な大学と言えるでしょう。

「人は生まれ変われる。」を読むと、聞き取り調査を行った詳細な体験談や、統計的な数字が多数出ていて惹きつけられます。

日本人女性の前世セラピーで、**「習い覚えたことのないネパール語を話した」衝撃の事例**は、TV番組「アンビリーバボー」で取り上げられ、前世療法セラピスト稲垣勝巳氏の著書「「生まれ変わり」が科学的に証明された！」を通じても有名になりました。それも、大門先生が言語学者として共同研究をされています。**「異言（習い覚えたことのない外国語を話す）」**という極めて稀な現象に、生で立ち会い、実証をされているのです。

前世体験は一般的に言って、ほとんどは淡く曖昧なものです。どんなジャンルの研究でもそうですが、「これは！」と思われる決定的な事例は多くありません。長い旅をして、ジャングルの奥地へ行って、やっと一羽の新種の蝶を見つけ出すような気の遠くなる作業です。研究とは、そのように、大多数の夾雑物《きょうざつぶつ》（入り混じったもの）の中からごくわずかの確実な症例を「抽出する」作業です。

そのような積み重ねは、進むことはあっても、後戻りすることはありません。世界中の学者が、頭脳が、着々と事例を増やしています。今は「まだ」わからないことも、これからどう展開するかわかりません。世界ではもう研究はずっと続いているのです。

大門先生は「前世」について研究をしている日本人学者の第一人者です。世界の最前線中で、その緻密で地道な役割を担っている研究者の一人が日本人であることにとても誇りを感じます。これからのご活躍がますます期待されます。

私も、三千以上のクライアントさんの事例と、**百近いセルフで見た過去生体験**から、これからそこへ事例を付け加えて行く…それが次のステップだと思っています。

皆さんがセルフで試みる…その中からどんなエキサイティングな事例が現れるか分かりません。私はワクワクしながらそれを待っています。何かありましたら、**ぜひご報告をお寄せください。**

（著者）

第８章
前世を見るコツ、ポイント

❖視覚で見えるとは限らない

前世療法で一番重要なポイントは「目で見えるとは限らない」ということです。

前世を「見る」「見える」という言い方をしますが、**広い意味の「見える」**なのです。人間には**五感**があります。聞こえる人もいます。匂いを感じる人もいます。温度、硬さ、重さ、揺れ…皮膚感覚や体感覚を使う人も結構います。

そして、多いのが**「分かる」という感覚**です。見えない、でも分かる。そういう方が結構たくさんいます。

どの感覚を使うのか、見えるのか、感じるのか、分かるのかは個人差で、見えた方がいいとか、見えないからダメとかそういうことではなく、「タイプ」の違いです。

私の経験則で言えば、「見えない」「視覚を使わない」タイプの人は3割くらいいます。結構多いでしょう？　3人に一人は「狭い意味では」見えないのです。

ただし、**「広い意味では」本来100％全員が前世を見える**と思っています。

ですから「見たい、見たい」と頑張ったり、**「見えない、見えない」と焦ったりするのは逆効果**です。もしなかなか見えてこなかったら…早めに諦めて（笑）、じゃあ、自分はどの感覚が得意なのか？

聞こえるのか、感じるのか、それとも分かるのか。自分なりの得意な感覚に意識を向けていくことで、逆に「見えて」きたりします。

前世療法を受けに来る方の中で、「以前ほかのところで前世療法を受けたけれど、何も見えなかった」「ピンとこなくてつまらなかった」という体験をされた方がちょこちょこいらっしゃいます。そういう方にこの説明をすると、「視覚で見えると思っていたので、見えてこないから焦ったり、ダメなんだと落ち込んだりしていた」と回想する方が多いです。

そういう方に、「じゃあ、今回はこの点に気をつけてやってみてください」と言って受けていただくと、**「初めて見えました」**と感動する方が出てきます。逆説的ですが「見よう見よう」とする努力をやめるだけで見えてきたりするのです。

そして、そのような方の一部は、「本当は、**以前受けた時も見えていたのかもしれません**」と告白します。「こう見えるはずだ」という思い込みがあったため、「これは見えていない」と打ち消していたと、気づくのです。「見えてないけど、見えている」という不思議な状態を理解すると、以前の体験にさかのぼって「見えて」くるのですね。

「見えない、でも見える」……このことだけは、どんなに説明を重ねても本当に分かることはできません。これだけは「体験」しないとわからないのです。

❖ 一番大事な三つのコツ

前世を見るためには「三つのコツ」があります。

覚えてくださいね。暗記してくださいね。テストに出ますからね(笑)。

- **考えない**
- **疑わない**
- **否定しない**

覚えましたか？　三つなんて芝居がかって言いましたが、実は、これはたった一つのことです。

つまり、**顕在意識を止める**、ということです。

判断しない。分析しない。意味付けしない。検証しない。

言葉は違っても、皆同じです。

私たちは普段顕在意識を使って生きています。顕在意識は社会生活を送る上で欠かせないもので、私たちはその思考に慣れすぎています。いきなり止めてくださいといっても、なかなか難しいのです。だから、がんばってやるしかないのです。

一言で言うと「出てきたままに、ありのままを受け取ってください」ということなのでヒプノセラピストなら言葉は違っても全員同じことを注意点として伝えているはずなんですすが、これが伝わらない（苦悩）。毎回「大事なポイントですからね」とお伝えしても、皆守らない。

終わった後に**「いやー、疑っちゃいましたー、ハハハ！」**という方々続出（ガックリ）。

中には、事前に「私、素直で単純ですから。考えないでやるのは得意ですよー♪」とおっしゃっていた方が、いざ始まってみると「これは本当だろうか？」「これは自分が作っていることじゃないだろうか？」という考え、疑い、否定で頭いっぱい。どこが素直なんだ。こんな人が続出して、もう「私素直ですから」は信じなくなりました（笑）。

まあ、そのくらい、そうしてしまうのは当たり前、ということですね。

だから、コツなのです。極端なことを言えば、**「これさえできれば前世は見える」**のです。

セラピストと対面の個人セッションでは、二人三脚で、疑いが挟めないような流れをセラピストが作りますからまだやりやすいですが、グループ体験で、あるいは誘導音声を聴きながら一人で、黙って前世を見ようとすると、この**「顕在意識」さんが必ずやってきてお邪魔虫**です。

慣れてしまえば簡単なことで、「ああ、こうやればいいのね」なのですが、最初が肝心。これに慣れるまでの個人差が大きく、ふっと分かるポイントが来る前にやめてしまって、「前世療法なんて、なんだかよく分からない」で終わってしまっているとしたら、とてももったいないことです。このポイントがつかめる前にやめてしまった人というのは、「まだ前世療法を体験したことがない」と言っても過言ではないと思うのです。

❖知っているものが出たら要注意

前世療法で絶対やってはいけないこと「考える」「疑う」「否定する」を一番やってしまいがちなのが、**「知っているものが出てくる時」**です。

旅行で行った。昔住んでいた。テレビで見た、映画で見た、ネットで見た。それと同じものや似ているものが出てくると、「そこへ行ったことがある（見たことがある）からじゃないか？」という思考が働いてしまいます。これが顕在意識で、とてもお邪魔です。

前世で縁があったから、そこへ旅行したくなったかもしれませんよね？

前世で縁があったから、そこへ住むことになったのかもしれませんよね？

あるいは、引き寄せというものがありますから、前世療法を受けるのに先立って、映画やテレビで「見せられた」可能性もあります。

本当のところはわからないのです。

ですから、まずやるにあたって、そういう風に思わない。**「あー、おんなじだー」とニュートラ**

ルに思って、それ以上は考えない。

ある方が、「イタリアの教会が見えます。観光旅行で行ったことがあります」と言うので、前世なのか現世なのかわからない状態でスタートしました。

「周りに人がいますか？」と聞くと「観光客がいます」というので、ああ、現世の記憶にさかのぼっているのね、と思って進めようとすると、奇妙なことを言います。「**教会が新しいです。**できたばかりのようです。」観光で訪れた教会の、過去の場面に進んだようです。

服装を見てもらうと、裾《すそ》の広がった豪華なドレスを着て、もりもりに結い上げた髪。どう見ても現代ではありません。そこから観光客の姿は消え、過去生の場面へ入って行きました。

このように、**現世と前世が入り混じったり、途中で変わったりする**ことはとてもよくあります。特に慣れていない**最初のうちは起こりやすい**現象です。整理したり意味付けしたり「おかしい」とか「見えてない」と思わずに、ただ、流れに任せ**出てきたままを受け取る**ことが必要です。

もしこの方が、「なんだ、現世の過去を思い出しているだけだ」と否定の気持ちで入っていったら、記憶はそちらに引っ張られて、せっかくの過去生の記憶が進まなかったかもしれません。

前世に興味がある人の場合、**霊能者や見える友達などに、前世を言われたことがある人**もいます。これも要注意です。

言われたのと同じや似た前世が出てくると疑ってしまう。「言われたから、そう思ってしまったのかな?」と。

しかし、「人に言われた前世を見たい」という希望で前世療法を受けに来る人もいるのですが、必ず見えるとは限らず、違うものが見えて「見たかったなー」とおっしゃる方もたくさんいます。見えたら「言われたからかな?」と否定する。見えなかったら「見たかったなー」と言う。どっちなんですか(笑)。人は勝手ですね。

言われた前世と自分が見た前世が一致していたら、見てくれた人が「当たっていた」のかもしれないですよね?

判断や解釈をせず、「あー、言われたのとおんなじだー」とただ、ニュートラルに、受け取っていただきたいのです。入り口で勝手に判断してしまうのはもったいないことです。

言われたことと、見たことが、微妙に違う、というケースも多くあります。たとえば、「前世で兄妹だった」と言われたけど、自分で見たら恋人同士だったとか。友達だと言われたが、家族だったとか。「親しい間柄だった」というところまでは一致していて、少し違う。ということもあります。細かいことにこだわらず、ただ、自分が感じたものを受け取りましょう。

これも、同じものを見ていても、見え方が人によって差があるということなのかもしれません。

❖前世は芋づる式に出てくる

いきなりストレートに前世が出て来るとは限りません。人によっては、ワンクッション、ツークッションあって、やっと前世が出て来ることも珍しくありません。

一見、**取るに足らないことや、関係のなさそうなこと**が、まず先に出てきて、そこに関係するものや連想することに進んで、初めて大切なことが出てくることもあるようです。人によって見え方に個人差が大きいので、まず、「見やすい」ものから出てきます。

まず、ごく平凡な日常の場面から始まる場合も多いです。感情を聞いてみると「楽しい」「穏やか」「いつも通り」などという場面です。

でもその場面を先に進めたり、時間を遡ったりして、別の場面を見てみると、はじめて、辛かった体験や悲しい体験が出てきたりします。いきなりその場面には、抵抗があって行けない場合、まずは**受け取りやすい「無難な」ところから**入っていきます。

でもそこには**「導火線」が引いてあることも多**

い。そこを追っていくと、全く違った、感情を揺さぶられるシーンへたどり着く場合があります。入り始めとは似ても似つかない、違う場面へ進む場合も少なくなく、まず、そこを通過しないとその先は見えない、ということもあるようです。

どんな順番でも、どんなに意味がなさそうに感じても、気にせず進んでみてください。

❖前世は体の外側からも見えるし、内側からも見える

よく受ける質問に、「前世って、**映画みたいに外から見える**んですか？　それとも、**過去生の自分になりきってその視点から見える**んですか？」というのがあります。

その答えは**「両方」**です。

実はこれも人によって「タイプ」があります。まず外から見えるタイプと、逆に内側から感じるタイプです。

「外から見える」＝客観型のタイプは、視覚的に情報が来やすいです。風景、服装、容姿などが割とよくわかりますが、逆に気持ちや考えていることがわかりにくい。

「どんな気持ちですか？」と聞かれて、「悲しいみたいです」などと、他人事のような表現を使います。悲しそうな表情が見えてくるから、悲しいだろうと「推測」するのですね。

逆に、**「内側から感じる」＝主観型**のタイプは、容姿や服装を聞いてもなかなかわかりづらく、「どんな顔ですか？」と聞くと「自分だから、自分の顔は見えません」という答えになったりします。

その代わり、温度や重さや肌触り、圧力など、「体感」がいろいろ出て来たり、「悲しくて胸が苦しいです」「好きな人がいてドキドキときめいています」などと感情が体感を伴って感じられたりします。ぐっと感情がこみ上げて、まさに**その人自身になりきって追体験する**のはこちらのタイプです。

もちろん、そこはバラエティに富んでいて、極端にどちらかに偏っている人もいれば、両方の感覚をぼちぼち使うタイプもいますし、稀には両方の感覚を十分に使いこなす人もいます。が、だいたいはどちらかに傾いています。

「見える」タイプの人は「実感」が乏しくなりがちなので、リアルな感情体験が羨《うらや》ましいようです。逆に**「感じる」タイプの人は「見えない」ことも多い**ので、見えるという体験が羨ましいようです。無い物ねだりですね（笑）。

どちらのタイプかは、私の実感では、**ちょうど半々くらい**です。あるグループセミナーの機会に、前世を見る体験をしていただいた後、この話をして、自分がどちらのタイプか手を挙げてもらいました。すると、10人の参加者がきれいに5対5に分かれたので、感心してしまいました。

しかし、それは絶対的なものではなくて、得意不得意の「傾向」なだけであって、本来的には**ど**

なたでも「両方」経験することはできます。

そこで大事になってくるのは「意図」です。

「内側の視点から見えていて、自分が見えづらい」場合、**「外に出る」と意図**していただきます。すると、外からの視点で見えて来ます。

横顔や後ろ姿で、自分の顔が見づらい場合は「前から」見ると意図していただきます。

「外から見えていて、自分の気持ちがわかりづらい」場合、**「中に入る」と意図**していただきます。すると、感情や思考がどっと入ってきたりします。**体から出たり入ったりできる**、と思っておいてください。

ある方は、なかなか「入れ」なかったので、「入るぞ！入るぞ！ダーイブ！」と体当たりで自分の中に入ろうとしたそうです（笑）

ある方は、「どんな気持ちですか？」と聞いたら「楽しいみたいです」と他人事のようにおっしゃるので、「では中に入って、内側から感じてみてください」と誘導した途端、「さびしい〜」と叫んでどーっと涙を流しました。外から見えるのと中から感じるのが大違いだったようです。中に「入れた」のですね。

最初のうちは自分で「出たり入ったり」はやりづらいようですが、個人セッションでセラピストが助け舟を出せば、割とできるようです。勘所がわかってくると、随時「出たり入ったり」できる方もいらっしゃいます。

この切り替えが上手くなってくると、多角的に、包括的にわかるようになるので、だんだん面白くなってきます。

❖走馬灯のように見える

本やブログ上での前世療法の体験談を見ると、まるで「**物語**」のように感じられる文章が多いです。一つの場所、一人の人物、一つの人生が、**小説**や**マンガ**、あるいは**映画**のように出てくるパターンです。

ところが、現実には、**関係ない場面が脈絡なく出てくる、「断片型」**と名付けている見え方の方がいます。例えていえば「写真」のようにワンカット、ワンカット見えてくる、でも続かない。

一場面がぱっと出てきてぱっと消える**「フラッシュバック」タイプ。**

ぱっ、ぱっ、ぱっ、と出てきてはどんどん消えてしまう、**「走馬灯」タイプ。**

一気にたくさんのイメージが押し寄せてきて収拾がつかない**「おもちゃ箱ひっくり返し」タイプ。**

同時並行で異なるシーンが見える**「マルチビジョン」タイプ。**

面白かったのは、電光掲示板のようなビジョンが見えて、そこに一つ一つの前世が、テロップのように横にどんどん流れていく**「テロップ」タイプ。**という見え方をした方がいらっしゃいました。

最初のうちこのような見え方をする方は1、2割はいます。そんなに珍しいことではありません。これは先にお伝えしておかないと、面食らったり、混乱したり、気が散っているとか、うまくできてないんじゃないかと焦ったりしてしまう人もいるようです。

私の解釈では、心のふたを開けると、**複数の前世が飛び出してきて混線する**、という状態ではないか？　と思っています。ですからむしろ、これはうまくいっていないのではなくて、うまくいきすぎている、という言い方もできます。

このような見え方の方も、地道に続けているとコントロールの仕方が分かってきて、だんだん落ち着いてきます。パラパラ見えてきても気にしないようにしましょう。

❖前世が漫画で見える

見え方のタイプの一つに**漫画やアニメで見える**という見え方があります。レアなので、初版本では書かなかったのですが、読者からのお便りで「漫画で見えたのですが、いいんですか？」「漫画で見えたのでおかしいと思ってやめました」などというお声が寄せられたので、しまった、書けばよかったと反省しました。

漫画、アニメ、絵（水彩、クレヨン、線画など）、ゲーム画面などもありました。さらにレアですが、墨絵や切り絵までありました。

これは「ほぼ見えない」タイプの方が、**「漫画で置きかえる」**という現象のようです。回数を重ねていくと「実写化」します。

違和感があるのは仕方がないですが、「考えない、疑わない、否定しない」の原則通り、「こういう見え方もあるんだ」と気にせず見てください。

また「写真のように止まって見えます」「動きがありません」というご報告も多いです。これも回数が少ないうちは非常に普通です。逆に「動いて見える」と思ってたということですよね？　最初から動画で見える方の方が少数派です。

これも経験値が上がれば動画化します。気にせず見てください。

❖淡い感覚を大事にする

「前世が見える」というのは、最初のうちはとても**曖昧で、ぼんやりして、分かりにくい**方が多いです。クリアで明晰な夢とも違います。

「わかったよーな、わからないよーな」から始まる方が多いです。

9章で後述するヘミシンクのセミナーに出た時、この淡い感覚についてぴったりな説明を聞きました。例えていうと、昼間に星は見えません。でも星は「なくなった」わけではなく、昼間でもずっと存在しています。太陽が明るすぎて、見えないだけです。

夜になって太陽が沈むと、星が見えてきます。でも星は「出てきた」わけではありません。太陽の光を取り去ると、初めて見えてきます。

太陽は肉体の感覚、昼は顕在意識の例え。夜はその感覚、意識がなくなった状態。そして星は「肉体意識を離れた時に初めて感じる淡い感覚」の例えです。

普段は肉体の感覚が強すぎて、この淡い感覚はほとんど気づけません。でも、存在していないわけではないのです。

催眠とは、太陽を沈ませて＝肉体を眠らせて、星を見る＝淡い感覚を捉える、ということなのです。

最初は、**「気のせい」「勘違い」「妄想」「空想」という感じ**で出てくることも多いです。それを続けているうちに、ああ、これが「出てくる」という感覚なんだな、とわかるポイントがきます。人によって個人差が大きく、もうのっけから「これは疑いようがない！」と明晰に出てくる人もいれば、何度やっても「ほんとかなあ～？」という感覚が抜けない人もいます。ただある時ふっと臨界点を超えて「ああ、出てきてる」と分かることが多いです。

個人セッションの場合は、30分くらいすぎたあたりでグッと入る方が多いです。でも2時間の催眠時間の中で、最後まで淡い方もけっこういらっしゃいます。２度３度受けて初めてやっと「そうかも」と感じ始める方もいます。

催眠で情報を「受け取る」のは、この「淡い感覚」をどう受け取るかに勝負がかかっています。セラピストがついていれば、淡い感覚を受け入れるようサポートしてくれますが、それがないセルフの場合は、全力で自分を信頼するよう、頑張りましょう。

❖地名、年号、名前も分かる

前世でいた場所の**「地名」**、前世で生きていた時の**「年号」**、前世の自分の**「名前」**などの**「客観情報」**も出てきます。

「客観情報」に関しては、セラピストによって、あるいは流派？によって、考え方はいろいろ違うようです。

そのような数や言葉の情報は「顕在意識」的なのであまりそこにフォーカスしない方がいい、という考え方もあります。前世療法にとって大切なことは「感情体験」であり、現世の自分にとってその意味さえわかればよく、**地名や年号を知る必要はない、という考え方もあります。**私もその考えには共感する部分もあり、方針を少し迷ったこともあります。

でも、現時点では、「客観情報」も探ってみる、という方向に落ち着いています。大多数の方に出てくるわけではなくて、「わからない方が普通」です。「ダメ元で探ってみて、出てきたらラッキー」くらいのスタンスでやりましょう。

数字や地名の見え方もさまざまです。一番多いのは、「浮かんでくる」、**「直感でそう感じる」**という受け取り方です。そうだ、としか言いようのない、「分かる」という感覚です。

ぱっと数字が「見える」方や、地名は、**ぱっと地図で見えてくる**方もいらっしゃいます。日本のこの辺、世界地図のこの辺り、と**大雑把なエリアで感じ取る**方もいます。でも、**ピンポイントで聞いたこともない地名が出てくる**ケースも稀にあり、あとでググってみると本人も知らない情報が出てくることもあって、驚かされます。なので、地名の確認も、ヒット率が低くてもやめられないのですねー。

人名も、**名前の一部、頭文字、語尾など、さまざま断片で出る**場合があります。「若旦那」「おやじさん」「賢者」など、**呼び名やあだ名**で出てくることもあります。アメリカン・インディアンなどでは「鷲」や「狼」など**動物の象徴**の場合もあります。

国や文化とはミスマッチで出てくることも少なくありませんが、あまり気にしないようにお伝えしています。

大切なことは「何かが出てきている」ということです。そこに顕在意識的な解釈は加えず、「保留」にしておくことを勧めています。

過去生の人物と感情や情報のやり取りをする際、**名前なしより名前があった方が、話しかけやすい**ような気がしませんか？　「江戸時代の男の人」と呼ぶよりも、「太郎さん」と呼んだ方がリアリティを感じませんか？　前世の自分の名前がわかると、ぐっとリアリティが上がります。というわけで、名前については地名や年号以上に、あまり深く考えずに「仮のあだ名」くらいのスタンスでいることをお勧めしています。

❖前世を否定している人は見えない

基本的には、前世は誰にでも見ることができると考えています。

たとえば、私たちは、もともと何語でも喋れるようにできています。

英語が「本質的に話せない」人はいないです。話せない人というのは、習慣がない、環境がない、機会がないだけです。同じように、前世を見ようとしたけれども見えていない人は、**「まだ」見えていない**だけです。

見えない場合は、「原因」があると考えています。

だから**「原因」を探って、それをつぶして対策していけば見えるようになる**、と思っています。

前世が見えない「原因」は個々にいろいろありますが、いくつか「こういうケースが多い」「あるある」についてお話しします。

まずは、**「前世を強く否定している人は見えない」**です。

「意図」を持って、「本人がやる気」を持ってしないと、できない性質のものです。それは、前世を見るということは「技能」の一種だからです。

やはり語学学習に例えるのがよいと思うのですが、「私は絶対に英語が話せるようにならない」と頑なに決意している人がいたら、話せるようになるでしょうか？

英語で話しかけられても、「決して理解するまい」とふるまったら？　自ら使ったりすることをしようとしなかったら？　永遠に英語は話せません。

欧米ではキリスト教が主流です。現代のキリスト教は輪廻転生や前世という概念を否定しています。日本人でも、数人、敬虔なクリスチャンの方とお会いしたことがあります。教会に通い、聖書を読み、食前の祈りも捧げる「ちゃんとした」キリスト教徒です。

そのような方の中で、「軽い好奇心から」前世療法を受けた方がいらっしゃるのですが、皆さん見えませんでした。**「教義に反すること」は出てこない**のですね。本人の意識の上では、「前世あるかも」「見てみたい」と思ったとしても、深い部分で否定していると、どうも出ないようです。

エドガー・ケイシーやワイス博士のように、もともとは（欧米では普通の）敬虔なキリスト教徒で前世が「見えてしまった」「出てきてしまった」人もいます。でもそれは例外で多くは**自分の思想信条がブレーキになる**ということはありそうです。

また、**そもそも「見る気がない」人には見えません。**

「私は修行を積んで解脱したから、前世はもう見る必要がない」とおっしゃる方とお会いしたことがあります。その理論はよく理解できなかったのですが、成り行きで交換セッションをすることになり、「見せられるものなら見せてみな」というスタンスを取られて「困ったなー」と思いながら誘導させていただきましたが、やはり見えませんでした。

「私に英語を喋らせてみろ！（どうせできっこない）」という強気な態度で出ている方に、英語を教えるようなものだと思ってください。うーん、やるのは私じゃなくて本人なんだけど…と思ってしまいます。

ただし、「見えるかなあ〜？」と疑い程度、半信半疑程度の方はむしろ多く、そのような方でも十分見ることは可能です。

❖セラピストを信用していないと見えない

人から受ける前世療法の場合、**セラピストとの信頼関係が重要**になってきます。

それは、前世療法に限らず、本当はさまざまなジャンルでもそうなのだと思います。

たとえば、学校や塾の先生を信頼している生徒の方が、信頼していない生徒より勉強ができるようになる。というのが一番わかりやすいですね。

私が前世療法を仕事として始める前、友達に声をかけて30人ほど無料モニターを取りました。それが、ことごとくうまくいったのです。

全員前世が見える。全員見た意味を感じる。多くの場合、感動する。一部の人は涙を流す。正直、「私なんかで、できるのだろうか？」という自信のなさをもって始めたので、驚きました。

何割くらいの人が見えるのか不安があったのですが、まさか全員見えるとは予想もしませんでした。

「私には向いている」という直感を感じました。「もしかして天才？」と思ったりしました（笑）。

そのうち、友達の友達が紹介で来るようになり、受けたその人がまた友達を紹介するようになり、やがてＨＰを開設して一般の方々にも来てもらうようになり、だんだんに「知らない人度」が上がっていきました。

その度に少しずつ、「見えない度」も上がって行きました。「時間内で何も見えなかった」人が現れるようになりました（私の場合、無料リベンジの制度を設けたので、再度受けていただいて結果的に見えたことがほとんどですが）。「感動の嵐」ばかりでなく「何となくしっくりこない」という人も混じり始めました。

普通に考えれば、場数を重ねているのですから、「だんだん上達する」はずです。気持ちも落ち着いてできるはずですし、受け答えテクニックも上がっているはずです。でも最初の30人が一番良くて、少しずつ効果が下がります。

今思うのは、**「友達」は私を信頼しているから**、より見えたのかな、ということです。一緒にいても緊張感が少ない。「この人ならできるはず」という気持ちがある。それが、前世を見るということに、大きな影響があるのでは、と思うようになりました。

この本はセルフで（セラピストを介さずに自分で）前世を見るということを主眼に書いていま

すから、セラピストとの相性、セラピストに対する好意というものは、関係ないかもしれませんが、今まで受けて見えなかった人もこういう理由だったかもしれません。

好きで信頼している…この感覚、感情を**「オープンハート」**と呼んでもいいでしょう。前世療法では「オープンハート」がも・の・す・ご・く大切です。

コラム 9

「前世を見る」脳波を測ってみた

前世が見える時、脳の中では何が起こっているのか？　脳波測定の専門家、元日本医科大学・脳生理学研究者の河野《かわの》貴美子先生が開催されているセミナーで「セルフ前世療法中の脳波」を検査してもらいました。

私の場合、主観的には催眠中は普段と感覚が違います。催眠が浅い、深いという違いもわかります。（ほとんどの方は、最初はこの違いがわからないのが普通。これは回数をこなした後の慣れの部分です）その感覚の違いがどう脳波に現れるのか？

・まず、だんだんリラックスしていく「自分で催眠に入っていく」段階。

・次に「前世を見る」段階。

・そして「前世の自分とエネルギーを交流させる」段階。これは誘導音声の中では「前世の自分とハグする」のあたりですね。個人セッションではさらにいろいろ誘導して、とても深い体験に導きます。

その三段階を実験してみました。自分の中では、かなり体感が違います。

まず分かったのは、私の自己催眠の脳波は、瞑想の脳波とほぼ同じということです。また通常の脳波から瞑想の脳波になるのが、早いということでした。これはすぐに前世が見える状態に入れる、という自分の体感と一致していました。

また面白かったのは、「催眠が深くなる」という主観と、α波の出る部分が増えていくという現象が、リンクしていました。

「エネルギーを感じる」という意図を持った段階では、複数の力所での「脳波の同調」が起こっていました。これは、念力を使っている超能力者の方の脳波に似た現象です。受講生仲間に気功を取り入れた治療家の方がいらして、彼の脳波は私よりもっと「同調」が起こっていました。

残念ながら前世を「見る」と意図した部分で特徴的な脳波はわかりませんでした。今回は時間が短かったことによる限界であったかもしれません。

私の特徴は「セルフ」でできること。その自分を使っていろいろ調べたら「前世が見える」という現象について、もっとわかるのではないかと期待しています。

（著者）

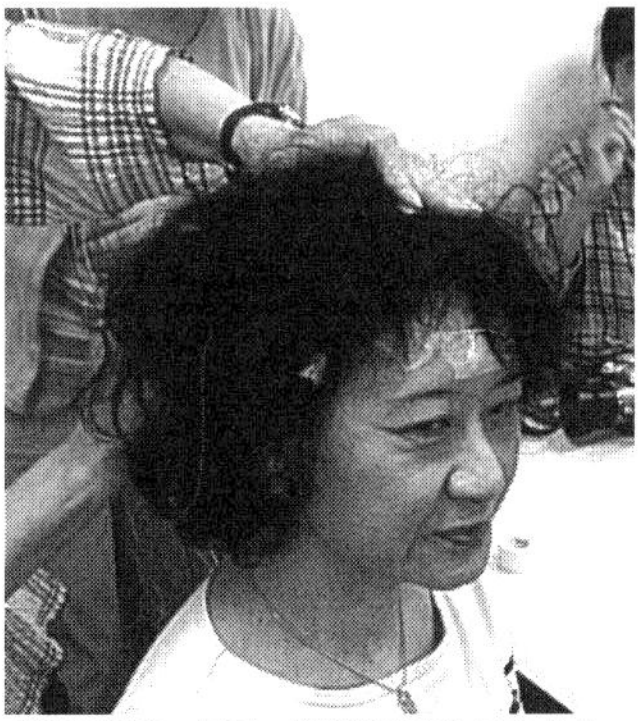

頭に電極をつけて、脳波測定をしてもらう。

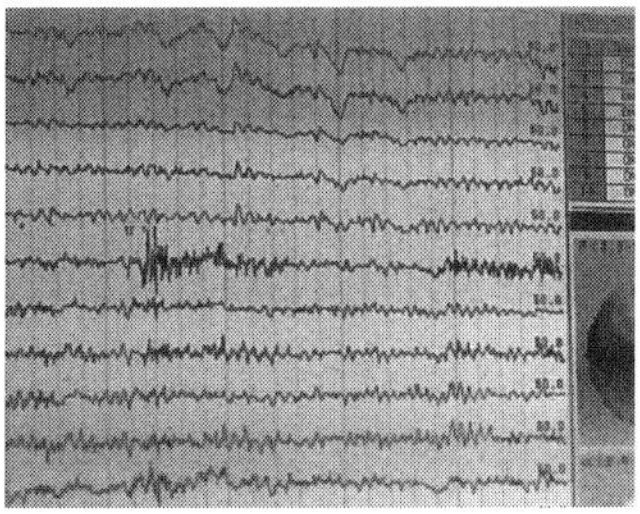

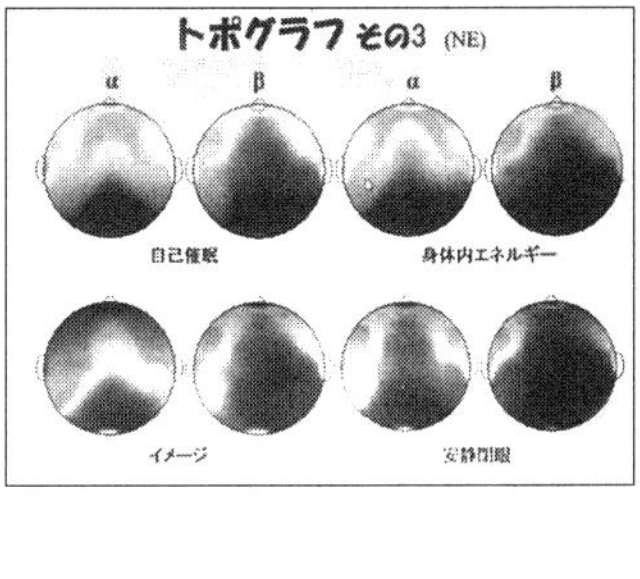

1700
1920
1940
1960
1980
2020

第９章
前世を見る
トレーニング方法

❖イメージトレーニング

前世を「見る」には「イメージ」を使います。この、**イメージの使い方に個人差が非常に大きく、**楽に簡単にできる人と、うまく使いこなせない人とがいます。

イメージが得意か不得意かの差は、「慣れ」の問題だと思っています。つまりよく「見える」人は、日頃からイメージを使う脳の使い方をしている。「見えない」人は**イメージを使う脳の使い方をしていない**、ただそれだけです。ですから、やってみれば、使っていなかった能力は使えるようになります。

イメージトレーニングは、現実にある「物」を使って行います。

おすすめは果物や花です。なぜかというと、色や形がはっきりしていてわかりやすい、香りや手触りなど五感を使いやすい、日常に接していて馴染みがあるからです。

私は個人セッションでいつも**「レモンの練習」**をしています。

①目を閉じて、**レモンを思い浮かべます。**外から見た感じをイメージします。色、形、大きさ、表面の皮の感じ。色はどんなトーンなのか、濃いのか薄いのか、鮮やかなのかマイルドなのか、青みがかっているのかオレンジ色寄りなのか、なども感じてみます。

②レモンを**手に持つイメージをします。**重さ、冷たさ、硬さ、水々しさ、手触り。手で感じることをいろいろイメージします。

③ナイフで半分に切ります。**匂いを嗅いでみます。**

④一枚薄くスライスして、つまんで口元に持ってきて、かじって、**味を感じてみます。**

重要なことは、**なるべく五感を使って、生き生きと、リアルに、具体的に、細かくイメージすること**です。「見えないタイプ」の人にとっては最初はやりにくいかもしれませんが、できる限り「見えているように」イメージすると、「見える」感覚が育っていきます。

やりにくい方は、以前見たことのあるレモンを**「思い出す」感覚で十分**です。匂いなども、分かりづらかったら、以前嗅いだことのあるレモンを「思い出す」ようにしてみます。

この練習は、**本物のレモンを使ってやってみる**ともっと効果があります。
まずレモンを外から見て。次に持ってみて。ナイフで切ってみて。食べてみる。まあ、見ると触るの練習だけでも構いません。そして、次に目を閉じて、見て、持って、嗅いで、味わった感覚を「思い出して」みる。これは練習ですから「考えている」で十分です。

「お花」もとても使いやすいです。

①**まず花を見ます。**色、形、大きさ、花びらの形、花びらの枚数。お花の中央部を覗き込んでみましょう。どうなっていますか？ 横から後ろからも眺めてみましょう。香りを嗅いでみましょう。

②**次に茎《くき》**を見ます。長さ、太さ、まっすぐか曲がっているか。茎に触れて、硬さ、瑞々しさ、弾力を感じています。表面の手触りも感じてみましょう、つるつるなのか、がさがさしているのか。

③**そして葉っぱ**も見ます。色、形、大きさ。厚み、硬さ。何枚くらいあるのか、多いのか少ないのか。葉っぱの表面に筋、葉脈が見えるかどうか。裏側から見たらどうなのか。

十分「見て」「感じて」また目を閉じて最初から「思い出し」ます。なるべく生き生きと、リアルに、具体的に、細かく思い出します。「まるで見えているように」想起します。

その他の練習テーマとしては、**「自分で運転する」**もおすすめです。自分単独で「運転する」ものがよいでしょう。車、バイク、自転車、（一人乗りの）ヨット、ヘリコプターなどもよいですね。乗馬をイメージしてもいいかもしれません。

①まず、乗り物を**外から見たイメージ**をします。色、形、大きさ、デザイン。光沢や色のトーン、部分や部品。前から見て、横から見て、後ろから見て、下から？上から？パーツなども観察して見ます。

②次に**乗る、乗り込むのをイメージ**します。手触り、温度、硬さ、座った感触、香り、音、なんでもいいです。可能なら、体の感覚をできるだけ具体的に想起します。エンジンキーをかける手の感触、振動、手綱を手に握る感触、ハンドルのグリップ感など。クラクションの音、いななきなども想像してみます。

③**走り出すのをイメージ**します。スピードが出て、風景が動いて、風を感じ、香りを感じます。爽快な空気や、陽の光、水しぶきなどを感じてみるのもいいかもしれません。自由に操っている感覚や、楽しい気分も味わってみます。

果物や花と違うことは、**動きや音があること**です。具体性や視覚に訴えるのは果物や花が上ですけれども、音や動きは欠けているからです。あったら怖いですね（笑）。

「動くもの」を見ていると催眠に入りやすい、という法則があるようです。ですので、動きのあるものを使うのはおすすめです。

何を対象に選ぶにせよ、コツとしては、**「心地よい」こと**です。思い描きやすい、楽しんでできる、生き生きと細かくイメージできるものを、いろいろやってみてください。

❖瞑想

前世を見るためのキーポイントは**「白紙の状態」を作る**ことです。その前世が見えるようになるための**基本トレーニングは、瞑想**です。

脳波がα波になっている時に前世は見えてきます。

α波になること自体は簡単で日常生活を送っている中でもちょこちょことなっています。

難しいのは「保つこと」です。顕在意識の状態に戻ってしまうか、眠ってしまいます。

瞑想をトレーニングするとは、「起きていないけど眠っていない」という状態を長く保つことです。

「体をリラックスさせて、目を閉じてボーッとして何も考えない、そして、寝ない（笑）」

これが長く保てれば保てるほど、**「前世を見る脳」**になります。

ダウンロード誘導音声で、「寝てしまった」という声が多いのですが、だいたい最初の10回くらいは寝てしまうのが普通です。10回超えたあたりから寝なくなる人が増えます。諦めず、焦らず、続けてみましょう。


瞑想トレーニングは自己流でも構わないですが、おすすめなのが、

- **座禅**
- **気功**
- **ヨガ**

これらの特徴は、長年蓄積され、磨き上げられたメソッドだということ。また、カルチャー教室やスポーツクラブなど身近に教わる場も多く、先生もたくさんいます。

「前世を見る練習をしている」と言うとあやしまれるかもしれませんが、座禅やヨガや気功なら健康に気を使っているとか、家族や職場からの受けもよくて一石二鳥です。

そしてトレーニングは、１回や２回やってもあまり意味はないです。**少なくとも１ヶ月、できれば３ヶ月くらい、続けてみる**と変わってきます。

❖ヘミシンク

ヘミシンクをご存知でしょうか？ Hemispheric Synclonization（ヘミスフェリック・シンクロナイゼーション）の略で、**音を使った瞑想技法の一つ**です。

ヘッドフォン（またはイヤフォン）を使って両耳からわずかに周波数のずれた音響を聞かせ、脳内で物理的に刺激を与えることで瞑想状態を作り出す技術です。1970年代のアメリカで、ロバート・モンローさんというもともとはＴＶやラジオのプロデューサーをしていた方が、睡眠学習の研究をしていた際に偶発的に発見した方法を洗練させて作られたメソッドです。

音としては、私はよく「エアコンの室外機」と呼んでいるのですが、「グオングオン」とか「ゴウゴウ」という感じの、いかにも眠くなりそうな音です。

ヘッドフォン（またはイヤフォン）を使うことが肝心なので、普通にスピーカーから聞くと、ほとんど効果はないと言われています。

ヘミシンクはあくまで瞑想ツールなので、ただ聞けばよいというものではありません。**見えない世界とのコンタクト方法のさまざまなエッセンス**が過不足なく含まれていて、とてもよく練り上げられたメソッドです。

もともとは有料の正規講習を受けることが必須とされていましたが、現在は「教科書」も販売されていて、自習できるようになりました。

入門用のCD6巻20枚組の「Gateway Experience」というシリーズが基本です。昔は13万でしかも英語版しかなかったそうですが、今は、日本語版になり、だいぶお安くなりました。中古品ならもっと安く手に入るでしょう。

また**「過去生探索」**という、**前世を見るための誘導の入ったシリーズ**があり、単発でも買えます。

ただ、教科書等でしっかり「導入手順」を身につけておくことは大切です。

これはヘミシンクCDの中では長い方（45分くらい）で、聴いても聴いても、毎回ぐっすり…あまり見える期待はしない方がよいかもしれません。

すぐには効果が現れなくても、地道に続けていきましょう。

霊能のある方々は霊視やチャネリングにはプラスの効果があるそうです。もともと霊能がなかった人が「見える人」に能力開花した例もあります。

ただし、敏感な方には頭の中に不快感を感じたり、軽い頭痛になったり、多少気分が悪くなったり、「ヘミシンク酔い」とでも呼ぶような体感がある方もいらっしゃるようです。

そのような方はごく少数ですし、7章の「グラウンディング」をしっかりやれば症状は解消しますし、「体が慣れていない」だけで続けると減じていく一過性のものだとは思うのですが、向き不向きがありますので、もし合わないと感じられたらやめておきましょう。

❖語学やスポーツのように「体で覚える」「だんだん上達する」

「前世を見る」ということは、**語学やスポーツのような「技能」**です。やらなければできないし、**「慣れ」「練習」「反復」**が決め手です。

ブライアン・ワイス博士の来日セミナーや、NYでのセミナーをお聞きしたことがあるのですが、こんな風におっしゃっていました。

「見えなかった方もがっかりしないでください。私も最初は見えませんでした。見えるようになるまで3ヶ月くらいかかりました。**Practice, practice, practice（練習、練習、練習です）**」

前世療法のパイオニアで世界の大家であるワイス先生でさえ最初は見えなかったのですね。そしてさかんに「practice」という単語を使っていました。

私はセルフで最初から見えました。だから、私はこれは「簡単なこと」だと思っていたのです。ところが、周りの人やクライアントさんと話しているうちに、どうも、皆さん簡単にできるわけではないということに気づいて驚きました。後から分かってきましたが、セルフで見るとなると、なかなかできない人が多いのです。

そこで何が原因で自分は見えるのか？　探ってみたところ、**おそらく、私は瞑想トレーニングを積んでいたから**じゃないか、と思い当たりました。前世療法を受ける3年くらい前から、座禅に興味があって、座禅会に出たり、朝家で座禅をしたりしている時期がありました。

ピーク時は、毎朝30分くらい座ってました。家の近所に曹洞宗大本山総持寺という大きな禅寺があって、一般向けの座禅会が開催されているので、毎月参加していた時期もありました。

つまり私は意図せずに、「練習」を積んでいたんですね。

「誘導音声を聞いたけど、全然見えませんでした」という方は、前世は**「見えない」のではなく、「まだ見えない」**と言った方がよいのでしょう。practice, practice, practice です！

❖セルフで練習、セラピーで本番

私は前世療法を始めた当初から、「自分自身で前世を見る」ということを勧めるスタンスを取っています。

ではセラピストから受ける個人セッションは必要なくなるでしょうか？

私自身はセルフで前世を見ますが、時々は人から誘導を受ける機会もあります。たまに**人から受けるとめちゃくちゃ楽で見やすい**です（笑）。

水泳で例えると、セルフは素潜《すもぐ》り、セラピー（＝人から誘導を受けるの）はシュノーケリングやダイビングのようなものだと感じています。**人から直接受ける誘導とは「ツール」**なのです。

セルフで十分に潜れるとしても、足ヒレをつけ、水中眼鏡をつけると、ずっと楽で、深くまで潜れる、そんな例えです。私の体感的にはスピードは3倍くらい、鮮明度も高いです。楽に、たくさん、長時間見たいのでしたら、「ツール」を使った方がおすすめです。

音楽やスポーツで言えば、**セルフは日頃の練習**、人から誘導を受けるのは「発表会」や「試合」のような**「本番」**とたとえることもできます。

セルフ前世療法をやっていれば、セラピストに受ける誘導で見やすくなり、セラピストから誘導を受ければ、セルフで前世を見やすくなる、相乗効果があります。左右の車の車輪のようなものだと思って下さい。

第10章
ダウンロードの仕方と注意事項

❖「誘導音声」のダウンロードの仕方

1、「誘導音声」のＵＲＬ

著者の公式サイト、ブログなどからリンクがあります。

https://padoma-therapy.com/

2、キーワード検索で探す方法

以下のキーワード等で出てきます

「セルフ前世療法」「根本恵理子」「誘導音声」「ダウンロード」

3、「誘導音声」の構成

①体をリラックスさせる準備段階（５分11秒）

②イメージを追っていく練習段階（５分47秒）

③前世を見る本番（29分20秒）

※全体にクリスタルボウルの演奏がＢＧＭとして入っています。（ＰＣでは音量が小さい場合があります）

①の最初にクリスタルボウルの演奏のみが40秒ほど続きます。

※音声は3部に分かれていますが、自動連続再生できます。但し、iTUNES（アイチューン）やウィンドウズ・メディア・プレイヤー等は再生機種ではないため、設定で連続再生ができないケースがあります。その場合は、ネット検索で「連続再生」「機種名称」等を入れて方法を調べて下さい。

※「誘導音声」が①〜③と連続再生できなくて、手動対応になっても、催眠状態に問題はありません。途中で誘導を「中止」しても、意識はすぐに戻ります。

4、**誘導音声は音質が重要**

音質が下がると、誘導の質も半減してしまいます。なるべく**性能の良いスピーカーからお聞きください。**ＰＣの内臓スピーカーから音源を流すのは音質が悪く、お勧めしません。バックのクリスタルボウルがほとんど聞こえないかもしれません。Bluetooth はもっとお勧めできません。ポータブルプレイヤーの場合は、イヤホンよりできるだけ性能の良いヘッドホンをお勧めします。

※7章にこの「誘導音声」を活用して自分で前世療法を行うための解説があります。

❖「誘導音声」を使用するのを、控えたほうが良いケース

■精神疾患の方は使わない

精神疾患、心療内科で治療中の方は原則前世療法は受けられません。ですので、セルフで試みる

こともおすすめできません。特に、妄想がある疾患、てんかん、多重人格など、重篤な顕在意識のコントロール障害のある方は悪化させる懸念がありますので、催眠療法は行わないでください。

ただし、5章でお話ししたように、精神疾患の一部には、前世療法が有効なものがあると感じています。**神経症、恐怖症、不安、不眠、うつなどの症状の中には、「心の解放」が必要**であり、有効である方が多くいらっしゃるように思えます。

主治医に催眠療法を行ってもよいか確認の上、まず自力でやるのではなくて、**セラピストによるフォローのある個人セッションから**受けてください。

■妊娠中の方は使わない

ジェットコースターでも何でもそうですが、**妊娠というのは何が起こるか分からない**ので余計なことはさせない、という考え方があります。

「いつもと違うこと」が引き金となって流産するというリスクが否定できません。

前世療法は時に激しい感情の揺れを体験します。涙をボロボロ流したり、深く後悔したり、死ぬシーンを見る可能性もあります。「心穏やかに」「美しいものを見て」と「胎教」が重んじられる妊婦さんにはあまりお勧めできません。

たとえば、お腹の赤ちゃんが過去生で自分を殺したシーンを見てしまったらどうしますか？

魂に敵味方や善悪はなく、憎み合ったり殺し合ったりした相手が実は自分を成長させる大切なパートナーで、時に友達、時に家族として生まれ変わって仲良くするということはよくありえることです。

でも、幸せいっぱいのプレママにとって、そういうシーンは見たいでしょうか。それが「学び」だと理解できたとしても、ショックですよね。

また、前世療法は基本的に横たわって行います。特に後期の妊婦さんにとって、同じ姿勢を長時間続けるというのは負担があります。

ですので、前世療法を受けることも、セルフで行うこともおすすめできません。

産後でしたら構いません。たまたまこの本を手に取られた方が妊婦さんでしたら、セルフは産後からなさってください。赤ちゃん育児でそれどころではないかも知れませんが…。

■未成年の方は使わない

過去生では性的なシーンや残酷なシーンが出てくる可能性があります。映画やテレビで年齢制限を設けているのと同じように、青少年にそのような情報を閲覧させないという趣旨があると思います。

しかし、それ以上に私が重要だと感じているのは、前世療法には見たものを「受け入れ、消化する」というプロセスがあり、精神的に未熟だと、その部分がうまくできない可能性があるからです。

過去の「失敗例」で、前世は出て来るだけでて来たけど「収拾が取れなかった」ようなケースがありました。結論から言うと、「前世はよく見えた」けれど「受け入れられなかった」のです。

その時、法的に「未成年」が守られている意義を理解しました。高校生ともなれば、頭も、体も、ほとんど大人ですが、まだ、情緒的には未熟なんだということを、このセッションを通して実感したのです。

「子供の自分を大人の自分が受け入れる」というプロセスのある前世療法は、成人であることが大事です。セルフで行う場合は。比較的感情的にマイルドな前世が出やすいのですが、未成年の読者がセルフで「受け入れにくい体験」が出てしまったら、本書としても責任は持てません。

ただし、ヒプノセラピスト中野日出美先生の著書『137回の前世を持つ少女』(総合法令出版)の中に登場するクライアントさんは中学生です。レイプや出産も過去生の中で体験しています。

今後、いろいろなご意見・ご要望をお聞きしたりしながら、模索していきたいと思います。ただ、今のところは慎重に、原則通り、未成年はお断りしています。ぜひ、20歳を過ぎましたら、トライしてください。

今まで何人か、「二十歳になったから」と、サロンセラピーを受けに来られた方がいらっしゃいました。お一人は、なんと二十歳の誕生日にご予約されました。

前世療法は、人生の節目に受けるのもおすすめです。それまでの自分を総まとめし、これからの自分のビジョンを描く、そういうことに適しています。年の変わり目のお正月や、年度の変わり目の4月、そして自分の誕生日などはうってつけですね。

法的に「成人」になる日に、これからの人生のヒントを受け取る。二十歳で受けに来られたというアイデアに、プチ感動しました。

■セルフ前世療法の限界

セルフ前世療法は、セラピストの誘導による通常の前世療法の補完的なものです。見え方や効果は対面での誘導を受けることの完全な代わりにはなりません。

また、個人差が非常に大きいので、**録音された誘導音声が早すぎる、または遅すぎてうまくいかない可能性がある**ことをご了承ください。

改訂版　ごあいさつ

初の著書、『セルフ前世療法』が世に出て3年が経ちました。

「セルフ?何それ?」「えっ、自分で前世が見えるの?!」というお声をたくさんいただきました。

「ちょっと変わった前世療法の本」として、インパクトを与えたと自負しています。

本を出す前から、周りの人や友達から、「ノウハウ公開しちゃったら、お客さん来なくなるんじゃないの?」と半ば真剣に心配されました。また、出版後も**「こんなに手の内を明かしてしまって、セラピスト泣かせだ」**という声もあったと聞きます。

違います。

私には確信がありました。ノウハウは、公開すればするほどお客さんは増えると。

セルフには限界があるのは分かっています。セルフでできることはたくさんあるけれど、必ず「もっと見たい」「その先が知りたい」と思うようになります。その時がプロのヒプノセラピストの出番です。**ノウハウの公開は「まずやってみる」＝「好奇心だけだった段階から、行動に移す」を促進する仕掛け**だと思って、この本を書きました。

中には、セルフで見て満足する方がいらっしゃいます。見るのが上手な、もともとセンスのある方です。でもそれはごく少数の例外です。大多数の方は火がつきます（笑）。安価なグループ体験会に行ってみたくなり、モニター価格のセラピストを探し出して受けたくなり、正規価格の本格的なセラピストに受けたくなります。

一部の人はセルフで満足し、一部の人はお遊びとして楽しんでくれます。それはそれで、前世療法の良さを分かってくださる人が増えたということです。その楽しんでくださる方々の様子を見て、興味を持ってくださる人もたくさんいました。

私は、**ヒプノセラピーの需要拡大を目論んでおり、その見込みは当たりました。**

●「前世に対するイメージが変わった」

それまで出版前は、クライアントさんに「どうして受けに来てくださったんですか？」とお聞きすると、「ブログを見て」「ネットで検索して」というお答えがほとんどだったのですが、「書店で見て」「図書館で読んで」と、本をきっかけに受けに来てくださる方が混じり始めました。

もともと全く前世のことを考えたこともなかった方が、たまたま見かけて「何これ面白そう」と思ってくださることもありました。「前世って○○でしょ？」と（勝手な）先入観があった方が、「これならあやしくない」「こんなに気軽でいいんだ」と思って、足を踏み出してくださいました。

「前世」に対するイメージが変わった」とよく言われますが、「食わず嫌い」や「偏見」や「誤解」を解くことができて本当に嬉しいです。

本を出さなかったら、出会わなかった読者の方々がたくさんいらっしゃいました。（私以外のセラピストも含め）個人セッションを受けられた方は数知れず。

また「自分の感じていたことは間違っていなかった」「実は今までいろいろなことが分かっていた」など、人生を振り返って大きな自信や気づき得る方々もたくさんいらっしゃいました。

●コロナ禍が変えた、岡山移住と遠隔セッション

この3年で世の中は大きく変わりました。世界を覆い尽くしたコロナ禍。**誰がこんな未来を予想していたでしょう。**

2019年4月に本書初版を発売し、北海道から九州まで、全国各地を回ってイベントを開催しました。全国の書店を回って、張り切って売り歩きました。

その1年後、遠くへ移動して多くの人と直接会うことができなくなるとは、夢にも思いませんでした。駆け込みで出版できて、本当に良かったと思います。

対面がほとんどだった前世療法の個人セッションは、2020年に入り、大打撃を受けました。コロナ感染対策の影響で、5月にはサロンの家賃を払えないレベルまで落ち込みました。

遠隔（リモート）でのセッションをおそるおそる導入し、やっとの思いでYouTubeデビューをしました。誘導音声コンテンツを販売しました。

生き残るために必死でした。やれることに一通り手をつけた6月、ふっと「このまま東京に住んでいてもしょうがないか」という思いがやってきました。どうせお客さんは来ない。ならば、どこに住んでもいいいんじゃないの？

そこで、**長年の夢であった地方移住に舵を切りました。**生まれてから50年来ずっと暮らしていた関東から、心積もりしていた岡山へ。8月には2拠点生活を開始しました。

この時一つの決め手になったのは、持続化給付金です。まとまった額のお金が手元に入ってきました。そのお金を元手にして、移住ができたのです。

本書6章でライフヒストリーを書きましたが、私が前世療法を受ける決め手となったのは、失業保険でした。（そうだ、あの時も目の前が真っ暗になっていた）その時に手にしたわずかな失業保険を握りしめて、「人生を変えたい」と、前世療法に踏み出しました。

国からの給付金で、やりたかったことにチャレンジ（笑）。**究極にお金がなくなった時の「決断」**

が人生を動かしている。11年が経って、また似たようなことをしているのが面白いです。

今思うと、どちらも**「魂の自分から応援」されたた**のだと思いますね。見えない世界のことを知れば知るほど、自分に相応しい道に進むために、**必要なピンチが起こり、必要なサポートが用意される**のだと。失業も、コロナ禍も、その渦中にいる自分にとってはたまったものじゃない不慮のできごとでしたが、そのおかげで次に前に進むための「軍資金」が用意されたんですね（笑）。

●魂の声に従って生きると、すべてはうまくいく

岡山移住後、徐々に遠隔（リモート）のお客さんが増え、本は少しずつ売れ続け、YouTubeは少しずつ視聴が増えていきました。「地方暮らし」であっても、前と同じように仕事が回り始めました。

新たに**ヒプノセラピストを育てる仕事**もオンラインで開始し、気づけば、コロナ禍で落ち込んだ個人セッションは完全に回復し、縁もゆかりもなかった岡山での生活は軌道に乗りました。

そしてとうとう、２０２１年末、念願の「海辺の古民家」物件に巡り合いました。目の前は畑。徒歩30秒で海。憧れの田舎ライフです。今も、この原稿をそこから書いています。出版してから、目まぐるしく人生が動いた3年間でした。この3年間で、確信したことがあります。**「魂の声に従っ**

て生きると、すべてはうまくいく」と。

岡山移住は何の保証もない「賭け」でした。でもこの賭けをしたことで、私の人生は大きく変わりました。周りからは「よく行動／決断できたね」と、驚かれたり褒められたりしました。でも私が「賭け」をできたのは、前世療法を通して「魂の声に従って生きる」ということを理解していたからです。前世療法は、魂の望みを知り、魂に沿った生き方を後押ししてくれるメソッドです。それを伝えるこの本は、これからもっと役に立つと思います。

本書は、多くの方々が**「本来の自分」を生き始める重要なきっかけになった**と自負しています。初版の後書きは、「世の中の流れが変わったので、この本が出た」という観点で書きました。今は、**「この本が出たので、世の中の流れが変わる」と言いたい**と思います。

コロナ禍で苦しい思いをしている方はたくさんいらっしゃると思います。何かが壊れたり、何かを失った方も。でもそれは、新しい時代への脱皮の第一歩だと思うのです。魂の目で見れば、いつかそれはわかります。

魂の観点で見れば失敗も不幸もないのです。

前世療法をやると、それがわかります。

YouTubeライブでもたびたび語っていますが、**2020年から「風の時代」**に入りました。本音の時代であり、軽やかで自由な時代です。本音、本心、本質に従って軽やかに生きていく。多くの方がこの流れに乗ってくださったらいいな。

そんな思いを、改訂版の前書きとさせていただきたいと思います。

2022年　岡山にて

根本恵理子

参考資料

私自身と、本文中で触れた先生方（あいうえお順・敬称略）の所属、サイト、ご著書・翻訳書、映画をご紹介します。

◆根本 恵理子（ねもと えりこ）

セラピールーム PADOMA（パドマ）

〈東京サロン〉東京都港区三田3-2-1 弓和三田ビジデンス710

〈岡山サロン〉岡山市北区幸町60-17 チュリス幸町608

PADOMA 公式サイト　https://padoma-therapy.com

アメブロ「私の前世療法」https://ameblo.jp/eribow711

公式ライン

YouTubeチャンネル　https://www.youtube.com/channel/UCZjH-6EzynnKmNzh0u4nQ

◆池川 明（いけがわ あきら）

池川クリニック　神奈川県横浜市金沢区大道2-5-13　http://ikegawaclinic.net

『前世を記憶する日本の子供たち』（ソレイユ出版）

『生まれた意味を知れば、人は一瞬で変われる-胎内記憶・前世記憶研究でわかった幸せへの近道』（中央公論新社）

◆奥田真紀（おくだまき）

日本臨床ヒプノセラピスト協会認定講師

東京中目黒サロン　東京都目黒区上目黒2-44-21

オンアースヒプノセラピー　https://ameblo.jp/maki6533/

◆すぅさん

漫画家ライター

アメブロ　https://ameblo.jp/suemi2017/

リットリンク　https://lit.link/mangakasuu3

◆大門 正幸（おおかど まさゆき）

中部大学　愛知県春日井市松本町1200　http://www.ohkado.net

『なぜ人は生まれ、そして死ぬのか』（宝島社）

『人は生まれ変われる。前世と胎内記憶から学ぶ生きる意味』（共著・ポプラ社）

◆河野　貴美子（かわの　きみこ）
ＩＳＬＩＳ（イスリス・国際生命情報科学会）　千葉市稲毛区園生１１０８－２ユウキビル40Ａ
ＮＰＯ法人国際総合研究機構（ＩＲＩ）内　http://www.islis.a-iri.org
『潜在能力の科学』（共著・ＩＳＬＩＳ）

◆萩原　優（はぎわら　まさる）
イーハトーヴヒプノセンター（ＩＨＣ）神奈川県横浜市青葉区美しが丘２-18-９-２Ｆ　http://saimin-c.com
『前世療法体験ＣＤブック』（マキノ出版）『前世療法の奇跡』（ダイヤモンド社）

◆村井　啓一（むらい　けいいち）
日本ホリスティックアカデミー（ＪＨＡ）東京都品川区東五反田２-７-14　五反田栗の木ビル３Ｆ
https://www.jh-academy.com
『前世療法―その歴史と現代的意義』（静林書店）

◆山川　紘矢・亜希子（やまかわ　こうや・あきこ）　http://www2.gol.com/users/angel
『前世療法』（ブライアン・Ｌ・ワイス著　ＰＨＰ研究所）『輪廻転生を信じると人生が変わる』（角川文庫）

◇ドキュメンタリー映画『かみさまとのやくそく～あなたは親を選んで生まれてきた』（荻久保則男監督）
http://norio-ogikubo.info
◇ドキュメンタリー映画『リーディング』（白鳥哲監督）http://officetetsushiratori.com/readings

【前世療法サロン・セラピールームPADOMAご案内】

◆前世療法個人セッション：https://padoma-therapy.com/session

完全予約制のサロンでセラピストによる誘導を受ける個人セッションを承っています。

◆誘導音声・動画公開：https://padoma-therapy.com/download

本書の誘導音声ほか、無料・有料の動画や音声を公開していきます。

◆セミナーご案内：体験型のセミナーを各種開催しています。

・はじめての前世療法　本書でご紹介している前世誘導をグループで行います。

・セルフ前世療法　本書でご紹介したセルフ前世療法をさらに詳細に、さらに実践的にお伝えする講座です。

（はじめての前世療法経験者限定）

・その他、未来療法、シンギングリン、随時新企画あり

◆講演会、地方出張

各種講演会を開催。豊富な体験談をお話しします！

グループセミナー、個人セッションを国内外問わず出張開催します。

◆その他企画受付中！

講演・執筆・メディア取材・催眠応用企画（ビジネス・学習・教育・美容・健康など）

年間15000人を治療する千田要一博士が提言する
驚くべき「霊的な健康」への50のメソッドが満載!!

＜もくじ＞　*自分で強運をつくる6分野の「実習シート」付き！*

前世や「生まれ変わり人生観」を全面的に肯定

スピリチュアリティ研究の最前線、
ロンドン大学の日本人精神科医師による

驚異の
ポジティブ心理学
カウンセリング本の登場!

『現世療法』
幸運を呼ぶ6つの法則

千田 要一／著

●価格:¥ 1,680●単行本:213 ページ●出版社:クラブハウス●

ISBN: 978-4906496488

http://www.amazon.co.jp/dp/4906496482

著者：根本恵理子 ねもとえりこ

神奈川県生まれ、千葉県育ち。東京大学文学部心理学科卒。

遼寧中医薬大学付属中医学専門学院にて国際中医師A級取得。漢方薬局勤務等を経て、2011年横浜市鶴見区で前世療法専門のサロンPADOMAをオープン。ブライアン・L・ワイス博士の孫弟子にあたる。「自分自身で前世を見る」セルフ前世療法講座が人気となり、13年間でセミナーは200回以上、延べ2,000名以上が受講。

2021年より実践的な技術を教えるインナージャーニー講座を開講。オンラインで世界中に受講生がいる。岡山牛窓在住。

「セルフ前世療法 改訂版」

発行日　2023年1月5日 初版
　　　　（オリジナル初版2019年刊行）
著　者　根本恵理子
発行人　河西保夫
発　行　株式会社クラブハウス
　　　　〒151-0051 東京都渋谷区千駄ヶ谷3-13-20-1001
　　　　TEL 03-5411-0788（代） FAX 050-3383-4665
　　　　http://clubhouse.sohoguild.co.jp/

協　力　誘導音声制作／熊田あけみ
　　　　クリスタルボウル演奏／さかいりえこ

印刷／シナノ印刷
カバーイラスト・本文挿絵／杉 由美子
装丁・本文デザイン／Tropical Buddha Design

ISBN978-4-906496-65-5